U0910451

中华武术经典珍藏丛书

少林十三抓技击真传

朱晓东 编著

河南科学技术出版社
·郑州·

图书在版编目（CIP）数据

少林十三抓技击真传 / 朱晓东编著 .—郑州：河南科学技术出版社，2015.6（2023.2重印）

ISBN 978-7-5349-7456-4

Ⅰ. ①少… Ⅱ. ①朱… Ⅲ. ①少林拳—基本知识 Ⅳ. ① G852.15

中国版本图书馆 CIP 数据核字（2014）第 259175 号

出版发行：河南科学技术出版社

地址：郑州市经五路 66 号 邮编：450002

电话：（0371）65737028 65788633

网址：www.hnstp.cn

策划编辑：韩雅楠

责任编辑：孟明明

责任校对：丁秀荣

封面设计：朱 婧

版式设计：王高峰

责任印制：张艳芳

印　　刷：永清县晔盛亚胶印有限公司

经　　销：全国新华书店

幅面尺寸：170 mm×240 mm **印张**：20 **字数**：267 千字

版　　次：2015 年 6 月第 1 版 2023年 2 月第 2 次印刷

定　　价：48.00元

如发现印、装质量问题，影响阅读，请与出版社联系并调换。

中华武术经典珍藏丛书编委会

（排名不分先后）

高　飞　丁文力　李贡群　潘祝超

徐　涛　谢静超　高　翔　凌　召

黄无限　李　群　张永兴　余　鹤

刘　昆　殷建伟　张　宪　景乐强

王松峰　高　绅　景海飞

1. 据传，明代少林武僧在少林爪法的基础上，模拟龙、凤、虎、豹、蛇、鹤、猴、马、鹰、兔、燕、鸡、牛十三种动物的动态，象形取义，创编出“少林十三抓”，是少林正宗的技击术。

2. 龙行莫测，凤展多变。

3. 虎扑威猛，豹蹿灵活。

4. 蛇盘严守，鹤立待机。

5. 猴闪机智，马奔迅疾。

6. 鹰捉锐利，兔脱灵敏。

7. 燕抄灵巧，鸡蹬有力。

8. 牛抵韧劲。

目录

第一章　少林十三抓爪功

少林十三抓技击重在用爪指的抓、打、扣、捏，以及掌根、掌棱的抖劲震击。所以，学习少林十三抓，必须好好修炼爪功。

少林有关爪功的练法颇多，这里介绍的是独具特色的十三抓爪功练法，苦练功成后双爪坚利如钢，能抓树撕皮，碎杯折铁，捏石成粉，抓肉成洞。故凡练此功者万不可滥用，应以德服人，尚武更应尚德，方可大成。

一、爪形

五指用力张开，各指稍弯曲，爪心内凹成球面状。（图 1–1）

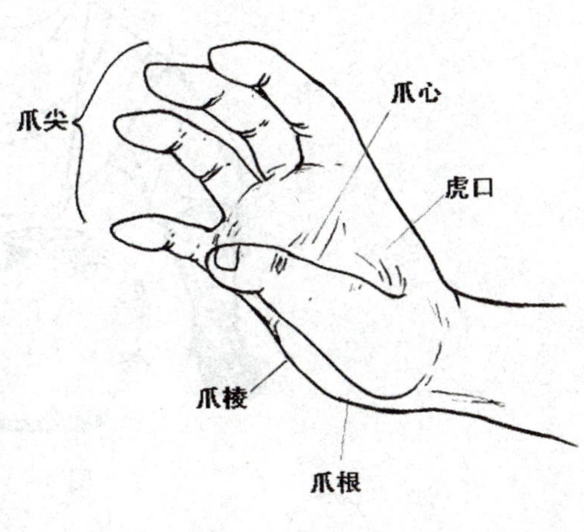

图 1–1

二、提坛功

先备一小口之坛，以五指张开能扣住坛口之颈为宜。（图 1–2）

坛重约数斤，此须视练者之原有指劲而定，不可勉强。如练者五指之力本可以提 10 斤之物，则用 10 斤以上之坛；如练者五指之力本不足提 10 斤之物者，则用 10 斤以下之坛。随功力增进，可于坛中加入石块或铁砂。

1. 练习时，将坛置于身体正前，两脚分开，双腿下蹲，成一高马步；双拳抱于腰间，拳心向上；口闭、咬牙，舌舔上腭，精神集中，气沉丹田。（图 1–3）

2. 俯身，右拳伸指成爪，按于坛口，五指紧缩，紧扣坛口，劲意贯爪（即思想集中于爪指），吸气，气沉丹田。然后，缓缓将坛垂直上提，手肘微屈。（图 1–4、图 1–5）

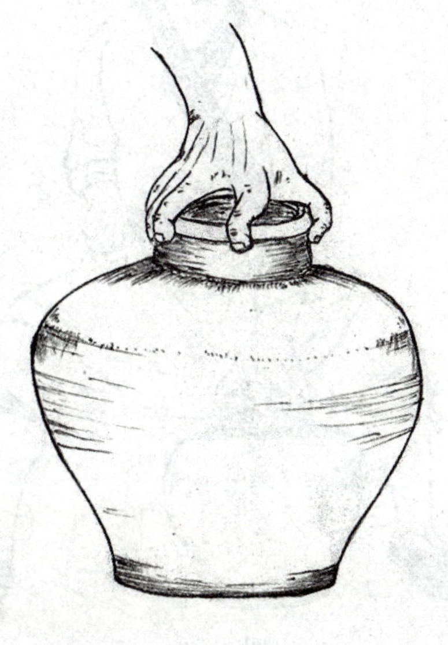
图 1–2

图 1-3

图 1-4

图 1-5

3. 稍停，然后呼气，将坛垂直向下缓缓放回原位。（图 1–6）

4. 再换左爪，依上法进行。（图 1–7 ~图 1–9）

图 1–6

图 1–7

图 1–8

图 1–9

三、抓球功

备一对各重5千克的圆铁球，两手各抓一个垂于身体左右两侧，意想丹田之气贯达十指。然后两手缓缓向前提起，两臂平行与肩同宽，爪心向下，同时，双腿蹲成马步。每次坚持15~30分钟。（图1–10）

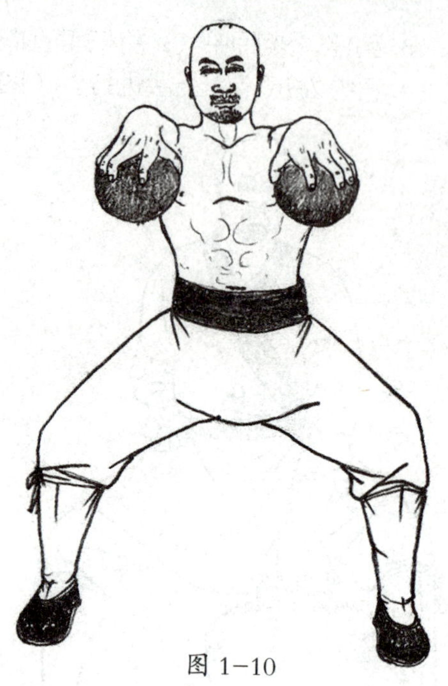

图1–10

四、抛抓沙袋功

备10千克重的沙袋一个，也可用绿豆袋或大米袋装填代替，双手快速轮换抓提、抛接。（图1–11 ~图1–22）

每次双手共练习5分钟即可。然后渐渐加重，当练至能轻松抓提抛接50千克重的沙袋时，双爪之力大于常人，指劲厉害非凡：十指犹如钢爪，可抓树撕皮，抓肉成洞，捏碎核桃、酒杯、竹筒，折屈铜钱，拔钉出板等。

图1–11

图 1-12

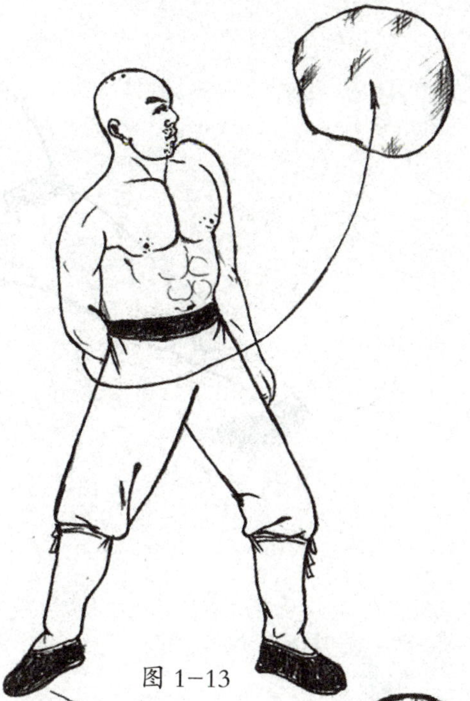

图 1-13

图 1-14

图 1-15

图 1-16

图 1-17

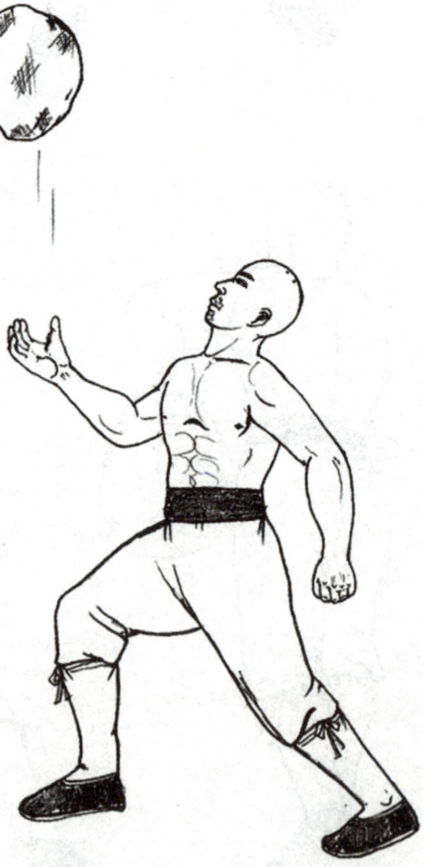

图 1-18

图 1-19

图 1-20

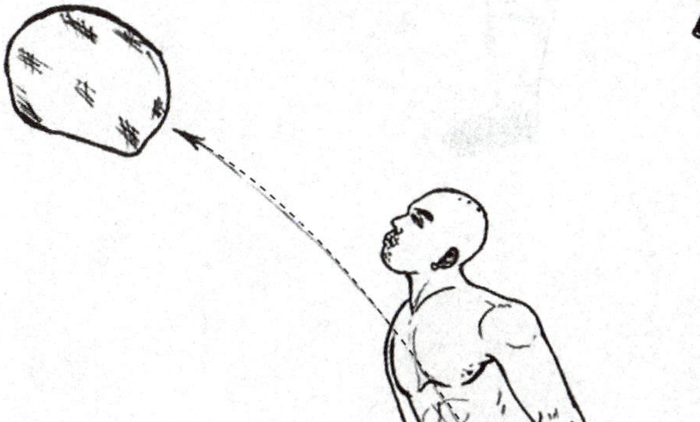

图 1-21

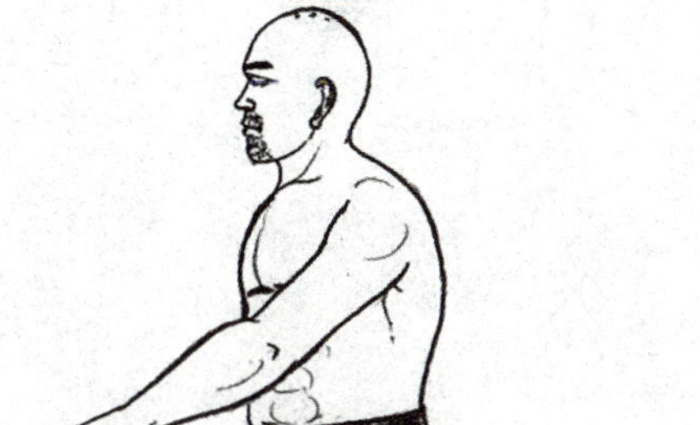

图 1-22

五、抓袋功

备 75 千克重的大沙袋，内装满河沙或玉米，悬挂于空中，用双爪抓击练习，并用力练习拉拽、拧扭、撞击、抖震等爪法。（图 1−23）

如能一抓即将袋内玉米成粉时，可换装石子或铁砂、铁珠子等练习。

图 1−23

第二章 少林十三抓单趟

少林十三抓单趟，由龙行、凤展、虎扑、豹蹿、蛇盘、鹤立、猴闪、马奔、鹰捉、兔脱、燕抄、鸡蹬、牛抵十三形组成。每一形可独立成段，可以分形练习，也可将十三形（抓）连贯练习，是少林十三抓的基础套路。

练习时，要求“发声震脚，催力助势”“六活”“十二快”“平心下气”。

十三抓中有不少动作在发力时，讲究“短促发声”，以“噫、呵、唔”等音为主。一般向下方的盖扑动作发“噫”音；向上方的托撩动作发“呵”音；向前方的推掏动作发“唔”音。这种闭声门、增内压的发声往往要求“声随手发、手随声落、声心手足、贯穿一气”，可催劲力、助拳势。

原地震脚、小步踏脚、大步踩脚等动作，对地面重击发出的响声，可助拳势；地面对人体的反作用力，可加大上肢的发力，有“脚动如雷”的说法。

六活指腕、肘、肩、腰、胯、膝身体六个部位要圆活、灵巧。通称腕、肘、肩为“上三活”，腰、胯、膝为“下三活”。

上三活便于手臂屈伸、旋转，可增大上肢的运动幅度，使各种爪法之间，以及各抓法的喷扣拽、顶扣送变化自如。

下三活便于身法和步法的变化，使动作的闪展腾挪、起落转折变化自然，也有利于腿法的“快起快落”。

十二快指动作的转、折、吞、吐、起、落、进、退、趋、避、伸、缩要突然快速，有“动无停势”之说。因此，在练习每一形（抓）的全部动作时应一气呵成，也就是各动作间或连贯不停或略有顿挫，仅在每形的结束架势时才出现较长的停势。

练习中势猛、气烈、力盈，但决不是浮躁、气急、力拙，而要求“平心下气”。平心则心静，精神贯注，专一练习；下气则呼吸要自然，多采用腹式呼吸法，以加大吸氧量，减少氧债，提高耐力，也有利于发声、催力、助势和增加下肢的稳固。

第一节 起 势

【口诀】

青龙摆尾，顺水推舟向前抓。

鹞子翻身，夜叉探海把裆抓。

【动作】

一、预备势

两脚并步，正身直立，两掌垂于体侧，呼吸自然。目视前方。（图2-1）

图 2-1

二、青龙摆尾

1. 左臂内旋、屈肘从身前向右、向上、向左弧形绕摆至左肩外侧处立掌，掌心向前，掌尖向上，虎口向里；右掌挺腕，掌心向下，虎口在里，同时，左脚向左横跨一步，两腿屈膝成半马步。目视左爪。（图2-2）

图 2-2

2. 左脚蹬地小跳落地，上体右转面向西，右腿屈膝在身前提起，同时，右臂内旋，屈肘从身前向左、向上、向右弧形绕摆至右肩外侧处立腕成爪，爪心向前，虎口向上；左掌变爪，稍沉。目视右爪。（图 2−3）

图 2−3

三、顺水推舟

1. 右腿在身前落地，成右弓步，同时，右爪向前平直推抓，爪心向前。目视右爪。（图 2−4）

图 2−4

2. 左脚向前上步，成左弓步，同时，右爪屈肘回收至腹前，爪心向前；左爪屈肘经左腰侧向前平直推抓，爪心向前。目视左爪。（图 2–5）

图 2–5

四、鹞子翻身

1. 上体右转 180 度，右腿从身后向左侧插步挺膝，左腿屈膝成交叉步，同时，右爪内旋向下、向右、向上直臂反撩抓，高过头，爪心向上，上体略前倾。目视右爪。（图 2–6）

图 2–6

2. 上体右翻90度，两腿屈膝成半马步，同时，右爪直臂向上、向右、向下落至体右侧，高与肩平，爪心向下；左爪外旋，直臂向下、向左、向上撩抓至身左侧，略高过肩，爪心向上。目视左爪。（图2–7）

图 2–7

五、夜叉探海

1. 左腿向右腿内侧收步靠拢，脚尖着地，两腿屈膝半蹲成左丁步；上体左转面向东，同时，右爪直臂向下经体右侧向前撩抓，高与腰平，爪心向上；左爪内旋，屈肘回收至右肩前，爪心向右。目视前方。（图2–8）

图 2–8

2. 上体右转，右爪屈肘回收至右腰侧，爪心向上；左爪向左平直推出，爪心向前。目视左爪。（图 2-9）

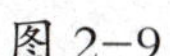
图 2-9

第二节 龙 行

【口诀】

左手瞒面反膀下，青龙探爪把脸抓。
右手上提左手架，青龙入海把裆抓。
左手云手批面下，泰山压顶把头抓。
兔抓鸡尾连三抓，一连三抓回老家。
双手猛提龙行架，此为少林第一抓。

【动作】

一、青龙探爪

1. 左脚向左侧上步，两腿屈膝成半马步，同时，左爪屈肘，内旋向下、向右、向上、向左以肘关节为轴挽一小圈，爪心向前；右爪屈肘回收至右腰侧，爪心向上。目视左爪。（图 2–10）

图 2–10

2. 上体左转面向东，左膝略屈，右腿向前踩踢，同时，右爪直臂向上、向前抡起，爪心向前；左爪屈肘向下按压至腹前，爪心向下。目视前方。（图 2-11）

3. 右腿在身前跺脚落地成右弓步，同时，右爪向下扑抓至身前，高与肩平，爪心向下。目视右爪。（图 2-12）

图 2-11

图 2-12

二、青龙入海

1. 右腿向前上半步跺脚，左脚随之跟进半步，脚前掌着地，两腿屈膝成半蹲步，同时，左爪屈肘在身前上架，高与头平，爪心向前；右爪内旋、直臂向上、向后、向下落至身后，爪心向下。目视左爪。（图2−13）

图 2−13

2. 右爪直臂向下经体前右侧向前撩抓至身前，高与腰平，爪心向上；左爪屈肘回收至右肩前，爪心向右。目视前方。（图2−14）

图 2−14

三、泰山压顶

1. 重心移至左腿，右腿向前弹踢，同时，左爪向身前平直推爪，爪心向前；右爪屈肘回收至右腰侧，爪心向上。目视左爪。（图2−15）

2. 右腿在身前跺脚落地成右弓步，同时，右爪直臂向后、向上抡起向前、向下扑抓至身前下方，高与右膝平，爪心向下；左爪屈肘下按至胸前，爪心向下，上身前倾。目视右爪。（图2−16）

图 2−15

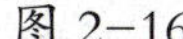

图 2−16

四、掏心抓

1. 右脚回收半步，重心移至左腿，两腿屈膝成右虚步，上体右拧略后仰，同时，左爪屈肘在身前上架，略高过肩，爪心向前；右爪屈肘回收至右耳旁，爪心向前。目视左爪。（图 2-17）

图 2-17

2. 右脚向前跨半步跺脚，成右弓步，同时，左爪屈肘回收至右肩肩前，爪心向右；右爪向身前直臂推抓，略低于肩，爪心向前。目视右爪。（图 2-18）

图 2-18

五、劈面抓

1. 右脚向后收半步，重心后移至左腿，两腿屈膝成右虚步，上体右拧，同时，左爪臂略屈向前、向下按压至身前下方，爪心向下；右爪屈肘回收至右耳旁，爪心向前。目视前方。（图 2-19）

2.右脚向前跨半步跺脚，成右弓步，同时，右爪直臂向身前推抓，高与头平，爪心向前；左爪屈肘回收至右肩腋下外侧，爪心向右。目视右爪。（图2-20）

图 2-19

图 2-20

六、扑胸抓

1. 右脚向后收半步，重心后移至左腿，两腿屈膝成右虚步，上体右拧略后仰，同时，左爪在身前屈肘上架，高与头平，爪心向前；右爪屈肘回收至右耳旁，爪心向前。目视左爪。（图 2–21）

2. 右脚向前跨半步踩脚，成右弓步，同时，右爪直臂平直向身前推抓，爪心向前；左爪屈肘回收至右肩前，肘下垂，爪心向右。目视右爪。（图 2–22）

图 2–21

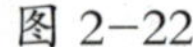

图 2–22

七、龙行架

左脚向后退半步，右脚回带半步，两腿屈膝成右半马步，同时，左爪屈肘向下按压至右肋外侧，爪心向下；右爪臂略屈上提至身右侧上方扣腕，略高于头，爪心向下。目视右爪。（图2−23）

图 2−23

第三节 凤 展

【口诀】

左右撩阴把裆抓，怀中抱月搓脚法。
凤凰展翅交别架，梅花云手叠膝架。
怀中抱月搓脚下，瞒面摘瓜骑马架。
兔抓鸡尾连三抓，一连三抓回老家。
双手猛提凤展架，此为少林第二抓。

【动作】

一、右撩阴

1. 身体重心移于右腿，左腿屈膝向右前提起，同时，左爪屈肘向左膝外侧平搂，爪心向下；上身左侧倾，右爪臂平伸于右侧，爪心向后。目视左爪。（图 2–24）

图 2–24

2.左脚向前落步跺脚，屈膝，随之，上体左转约180度，两腿成交叉步，同时，左爪直臂向下经身前向左、向后上反撩抓，左爪略低于肩，爪心向上；右爪屈肘，外旋向左摆至右肋外侧，爪心向上，上身向前俯。目视左爪。（图2-25）

3.右脚向身右侧上步，两腿屈膝成马步，同时，右爪经身前向左、向上直臂撩抓，爪心向上；左爪屈肘上架至身左侧上方，爪心向上。目视右爪。（图2-26）

图 2-25

图 2-26

二、左撩阴

1. 身体重心落于左腿，右腿屈膝提起。右爪内旋，屈肘向右膝外侧平搂，爪心向下，上身右侧倾；左爪翻腕，爪心向上。目视右爪。（图 2–27）

图 2–27

2. 右脚在身右侧落地屈膝，上体右转 90 度，两腿成交叉步，同时，右爪直臂向下经身前向右、向上反撩抓，略低于肩，爪心向上；左爪屈肘向右摆至左肋外侧，爪心向下，上身前俯。目视右爪。（图 2–28）

图 2–28

3. 左脚向左侧上步，两腿成马步，同时，左爪外旋经身前向右、向上直臂撩抓，爪心向上；右爪屈肘上架至身右侧上方，爪心向前，上身右拧。目视前方。（图2-29）

图 2-29

三、怀中抱月

1. 上体左转 180 度，两腿屈膝成右半蹲步，同时，左爪内旋，屈肘在身前上架，略高于肩，爪心向前；右爪直臂下落至身后，爪心向上。目视左爪。（图 2-30）

图 2-30

2. 身体重心落于左腿，右脚向身前搓踢，同时，右爪直臂向下经体右侧向前、向上撩抓至身前，高过头，爪心向上；左爪屈肘下按至腹前，爪心向下。目视前方。（图 2–31）

图 2–31

四、凤凰展翅

1. 右脚在身前落步，两脚前掌碾地，上体左转 180 度，两膝略屈，同时，左爪在腹前、右爪在头前方位置不变一起随身左转。目视右爪。（图 2–32）

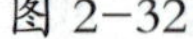

图 2–32

2. 上体右转 180 度，左腿从身后向右侧插步伸直，右腿屈膝半蹲成交叉步，同时，右爪内旋，直臂向下经身前向右、向上反撩抓，爪心向上；左爪直臂向左、向上反撩抓，爪心向上，上身前俯。目视右爪。（图 2–33）

图 2–33

五、梅花云手

两脚前掌碾地，上体左转约 360 度，两膝略屈，同时，右爪直臂向左平摆至身前再屈肘上架，高过头，爪心向前；左爪屈肘向左下按至腹前，爪心向下。目视前方。（图 2–34）

图 2–34

六、怀中抱月

1. 左爪屈肘向上横架至身前，高与头平，爪心向前；右爪直臂向后下落至身后，爪心向下。目视左爪。（图 2–35）

图 2–35

2. 身体重心落于左腿，右脚向身前搓踢，同时，右爪直臂向下经体右侧向前、向上撩抓至身前，高过头，爪心向上；左爪屈肘下按至腹前，爪心向下。目视右爪。（图 2–36）

图 2–36

七、瞒面摘瓜

右脚在身前跺脚落地，上体左转 90 度，两腿屈膝成马步，同时，右爪内旋，直臂向右下方反撩抓，爪心向上；左爪外旋，屈肘向左上方挑至左肩前，爪心向后。目视右爪。（图 2–37）

图 2–37

八、掏心抓

1. 上体右转 90 度，右脚回收半步，重心移至左腿，成右虚步，同时，左爪屈肘在身前下落再向上横架至头前方，爪心向前；右爪屈肘回收右耳旁，爪心向前；上身右拧略后仰。目视左爪。（图 2–38）

图 2–38

2. 右脚向前跨半步踩脚，成右弓步，同时，左爪屈肘回收至右肩前，爪心向右；右爪向身前直臂推抓，高与肩平，爪心向前。目视右爪。（图2–39）

图 2–39

九、劈面抓

1. 右脚向后收半步，重心后移至左腿，两腿屈膝成右虚步，上体右拧，同时，左爪臂略屈向前、向下按压至身前下方，爪心向下；右爪屈肘回收至右耳旁，爪心向前。目视前方。（图2–40）

图 2–40

2. 右脚向前跨半步跺脚，成右弓步，同时，右爪直臂向身前推抓，高与头平，爪心向前；左爪屈肘回收至右肩腋下外侧，爪心向右。目视右爪。（图 2–41）

图 2–41

十、扑胸抓

1. 右脚向后收半步，重心后移左腿，两腿屈膝成右虚步，上体右拧略后仰，同时，左爪在身前屈肘上架，高与头平，爪心向前；右爪屈肘回收至右耳旁，爪心向前。目视左爪。（图 2–42）

图 2–42

2. 右脚向前跨半步跺脚，成右弓步，同时，右爪直臂平直向身前推抓，爪心向前；左爪屈肘回收至右肩前，肘下垂，爪心向右。目视右爪。（图2−43）

图 2−43

十一、凤展架

左脚向后退半步，右脚回带半步，两腿屈膝成右半马步，同时，左爪屈肘向下按压至右肋外侧，爪心向前；右爪臂略屈上提至身右侧上方扣腕，略高于头，爪心向下。目视右爪。（图2−44）

图 2−44

第四节　虎　扑

【口诀】

饿虎扑食准备架，封盖并用威力大。
独立站立捕食起，震步上赶猛扑下。
一下二成扑二下，百兽难逃第三下。
兔抓鸡尾连三抓，一连三抓回老家。
双手猛提虎扑架，此为少林第三抓。

【动作】

一、饿虎扑食（左）

1. 身体重心落于右腿，上体右转，左腿屈膝向身前提起，同时，左爪向身前上方直臂抡起，与右爪一起举臂前探，两爪心均向前。目视前方。（图 2–45）

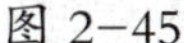

图 2–45

2. 左脚向身前落步，屈膝半蹲，右膝略屈，脚跟抬起成半跪步，同时，左、右爪一起直臂向下扑抓至身前，高与腰平，两爪心均向下；上身左拧。目视前下。（图2-46）

图 2-46

二、饿虎扑食（右）

1. 身体重心落于左腿，右腿屈膝在身前提起，同时，左爪外旋、右爪内旋一起直臂向下经体左侧向上、向前抡起至身前上方，两爪指均向上。目视前方。（图2-47）

图 2-47

2. 右脚在身前落步，屈膝半蹲，左膝略屈，脚跟抬起成半跪步，同时，左、右爪一起直臂向下扑抓至身前，高与腰平，两爪心均向下，上身右拧。目视前方。（图 2-48）

图 2-48

三、封盖并用

1. 左脚向前上步，两腿屈膝成左虚步，同时，左、右爪一起外旋向下经体右侧向后回摆，右爪直臂至身后，爪心向右；左爪屈肘至右胸外侧，爪心向左，上身右拧。目视前方。（图 2-49）

图 2-49

2. 身体重心落于左腿，右脚向前弹踢，力达脚尖，高与裆平，同时，左爪内旋与右爪一起向前、向左、向后平扫，左爪直臂至身后，爪心向上；右爪屈肘至左胸外侧，爪心向右，上身左拧。目视前方。（图 2–50）

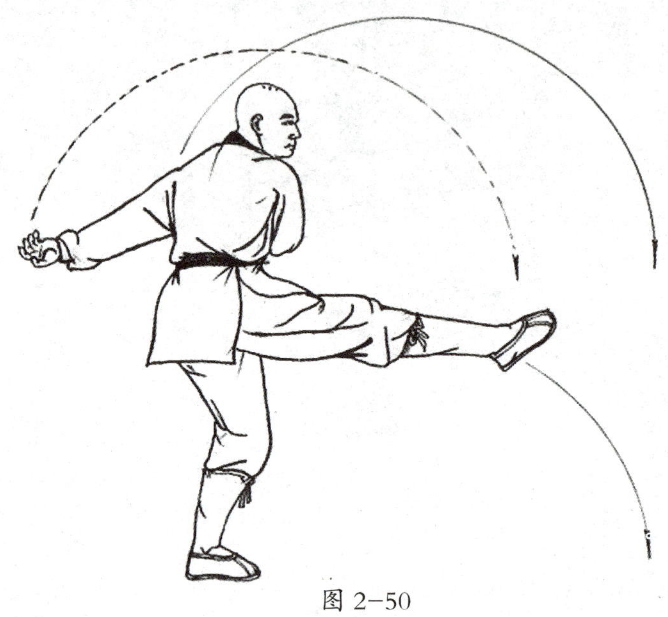

图 2–50

四、饿虎扑食（右）

右脚在身前落地，成右弓步，同时，右爪内旋、左爪外旋一起直臂向上抡起向前、向下扑抓至身前，高与腰平，两爪心均向下，上身前倾。目视前下。（图 2–51）

图 2–51

五、掏心抓

1.右腿回收半步，重心移至左腿，两腿屈膝成右虚步，上体右拧略后仰，同时，左爪屈肘在身前上架，略高过肩，爪心向前；右爪屈肘回收至右耳旁，爪心向前。目视左爪。（图 2–52）

2. 右脚向前跨半步跺脚，成右弓步，同时，左爪屈肘回收至右肩前，爪心向右；右爪向身前直臂推抓，高与肩平，爪心向前。目视右爪。（图 2–53）

图 2–52

图 2–53

六、劈面抓

1. 右脚向后收半步，重心后移至左腿，两腿屈膝成右虚步，上体右拧，同时，左爪臂略屈向前、向下按压至身前下方，爪心向下；右爪屈肘回收至右耳旁，爪心向前。目视前方。（图 2–54）

2. 右脚向前跨半步跺脚，成右弓步，同时，右爪直臂向身前推抓，高与头平，爪心向前；左爪屈肘回收至右肩腋下外侧，爪心向右。目视右爪。（图 2–55）

图 2–54

图 2–55

七、扑胸抓

1. 右脚向后收半步，重心后移左腿，两腿屈膝成右虚步，上体右拧略后仰，同时，左爪在身前屈肘上架，高与头平，爪心向前；右爪屈肘回收至右耳旁，爪心向前。目视左爪。（图 2–56）

2. 右脚向前跨半步跺脚，成右弓步，同时，右爪直臂平直向身前推抓，爪心向前；左爪屈肘回收至右肩前，肘下垂，爪心向右。目视右爪。（图 2–57）

图 2–56

图 2–57

八、虎扑架

左脚向后退半步，右脚回带半步，两腿屈膝成右半马步，同时，左爪屈肘向下按压至右肋外侧，爪心向前；右爪臂略屈上提至身右侧上方扣腕，略高于头，爪心向下。目视右爪。（图2–58）

图 2–58

第五节 豹 蹿

【口诀】

豹蹿搂怀绞手抓，单峰贯耳左右抓。
麻雀踏步连三下，迎面揭梅三捅抓。
叶底藏花托海抓，翻身抢盖当头下。
兔抓鸡尾连三抓，一连三抓回老家。
双手猛提豹蹿架，此为少林第四抓。

【动作】

一、豹蹿搂怀

1. 两脚跟碾地，上体左转，右脚向前上步，两腿屈膝成右虚步，同时，左爪屈肘向前、向左平搂于身前再向下按至腹前，爪心向下；右爪外旋，直臂向前、向左平搂至身前，略高于肩，爪心向左，上身左拧。目视右爪。（图 2–59）

2. 右爪内旋，屈肘下按至腹前，爪心向下；左爪外旋，直臂向左、向前、向右平搂至身前，略高于肩，爪心向右，上身右拧。目视左爪。（图 2–60）

图 2–59　　图 2–60

3. 左爪内旋，屈肘下按至腹前，爪心向下；右爪外旋，直臂向右、向前、向左平搂至身前，略高于肩，爪心向前，上身左拧。目视右爪。（图2–61）

图 2–61

二、三捅抓

1. 左脚向前上步，两腿屈膝成半蹲步，同时，左爪直臂向身前推抓，爪心向前；右爪屈肘，内旋回收至腹前，爪心向前。目视左爪。（图2–62）

图 2–62

2. 右脚向前上步，两腿屈膝成半蹲步，同时，右爪直臂向身前推抓，爪心向里；左爪屈肘回收至腹前，爪心向下。目视右爪。（图 2−63）

3. 左腿向前上步，两腿屈膝成半蹲步，同时，左爪直臂向身前推抓，爪心向前；右爪屈肘回收至腹前，爪心向前。目视左爪。（图 2−64）

图 2−63

图 2−64

三、叶底藏花

左脚尖外展，身体重心落于左腿，上体左转，右腿向身前勾踢，同时，右爪外旋，直臂向前、向右上方反撩抓，高过头，爪心向后；左爪屈肘向右、向下按压至右腰侧，爪心向下。目视右爪。（图 2–65）

图 2–65

四、翻身抡盖

1. 右脚在身前落步屈膝，左脚从身后向右侧插步，两腿成交叉步，同时，右爪内旋，直臂向右下盖抓，高与肩平，爪心向下；左爪屈肘向右至右腋下内侧，爪心向下。目视右爪。（图 2–66）

图 2–66

2. 右脚跟、左脚前掌一起碾地，上体左转，同时，左爪直臂向上、向前、向下弧形绕环，屈肘回收至左腰侧，爪心向下；右爪直臂向下、向上、向前抡起至身前方，爪心向前。目视右爪。（图 2–67）

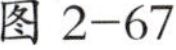
图 2–67

3. 右脚向前上步屈膝半蹲，左脚离地屈膝后提，踝关节前侧扣于右膝窝，脚尖勾紧，同时，右爪直臂向下盖抓至身前，爪心向下；左爪屈肘上提至左胸前，爪心向下，上身左拧。目视右爪。（图 2–68）

图 2–68

五、掏心抓

1. 左脚向后落步，重心移至左腿，两腿屈膝成右虚步，同时，左爪屈肘上架至头前方，爪心向前；右爪屈肘回收至右耳旁，爪心向前，上身右拧略后仰。目视左爪。（图 2–69）

2. 右脚向前跨半步踩脚成右弓步，同时，右爪直臂向身前推抓，略低于肩，爪心向前；左爪屈肘回收至右肩前，爪心向右。目视前方。（图 2–70）

图 2–69

图 2–70

六、劈面抓

1.右脚向后收半步，重心后移至左腿，两腿屈膝成右虚步，上体右拧，同时，左爪臂略屈向前、向下按压至身前下方，爪心向下；右爪屈肘回收至右耳旁，爪心向前。目视左爪。（图2−71）

图 2−71

2.右脚向前跨半步踩脚成右弓步，同时，右爪直臂向身前推抓，高与头平，爪心向前；左爪屈肘回收至右肩腋下外侧，爪心向右。目视右爪。（图2−72）

图 2−72

七、扑胸抓

1. 右脚向后退半步，重心后移至左腿，两腿屈膝成右虚步，上体右拧略后仰，同时，左爪在身前屈肘上架，略高于肩，爪心向前；右爪屈肘回收至右耳旁，爪心向前。目视左爪。（图 2–73）

2. 右脚向前跨半步踩脚成右弓步，同时，右爪直臂平直向身前推抓，爪心向前；左爪屈肘回收至右肩前，肘下垂，爪心向右。目视右爪。（图 2–74）

图 2–73

图 2–74

八、豹蹿架

左脚向后退半步，右脚回带半步，两腿屈蹲成半马步，同时，左爪屈肘向下按压至右肋外侧，爪心向下；右爪臂略屈上提至身右侧上方扣腕，略高于头，爪心向前。目视右爪。（图 2–75）

图 2–75

第六节　蛇　盘

【口诀】

左阴右阳准备架，白蛇吐信斜伸抓。
左手推打右收爪，抬头出洞巧踢下。
双腿腾空反身起，云中藏身把眼抓。
兔抓鸡尾连三抓，一连三抓回老家。
双手猛提蛇盘架，此为少林第五抓。

【动作】

一、白蛇吐信

1.两脚前掌碾地，上体左转，两腿屈膝半蹲步，同时，左爪屈肘在身前上架，高与头平，爪心向前；右爪直臂下落至身后，爪心向后。目视左爪。（图2-76）

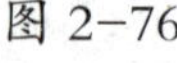

图 2-76

2.右脚向前上步，两腿屈膝成下蹲步，同时，右爪屈肘向下经右腰侧向身前直臂掬抓，略低于肩，爪心向上；左爪屈肘向头后方牵带，爪心向上，上身左拧。目视右爪。（2-77）

图 2-77

二、抬头出洞

身体重心后移至左腿，右脚向前弹踢，左膝略屈，同时，左爪直臂向身前平直推抓，爪心向前；右爪内旋、屈肘回收至右腰侧，爪心向下。目视左爪。（图2-78）

图 2-78

三、云中藏身

右脚在身前下落，左脚蹬地跳起，屈膝上提，上体左转，面向左侧方，同时，右爪直臂向身右侧上方推抓，高与头平，爪心向前；左爪屈肘回收至右肋外侧，爪心向下。目视右爪。（图 2–79）

图 2–79

四、掏心抓

1. 左脚向身左侧落地，上体右转，右脚回收小半步，两腿屈膝成右虚步，同时，左爪屈肘在身前上架，略高于肩，爪心向前；右爪屈肘回收至右肩旁，爪心向前。目视左爪。（图 2–80）

图 2–80

2. 右脚向前跨半步跺脚成右弓步，同时，右爪直臂向身前推抓，略低于肩，爪心向前；左爪屈肘回收至右肩前，爪心向右。目视前方。（图2–81）

图 2–81

五、劈面抓

1. 右脚向后收半步，重心后移至左腿，两腿屈膝成右虚步，上体右拧，同时，左爪臂略屈向前、向下按压至身前下方，爪心向下；右爪屈肘回收至右耳旁，爪心向前。目视左爪。（图2–82）

图 2–82

2. 右脚向前跨半步踩脚成右弓步，同时，右爪直臂向身前推抓，高与头平，爪心向前；左爪屈肘回收至右肩腋下外侧，爪心向右。目视右爪。（图 2–83）

图 2–83

六、扑胸抓

1. 右脚向后半步，重心后移至左腿，两腿屈膝成右虚步，上体右拧略后仰，同时，左爪在身前屈肘上架，略高于肩，爪心向前；右爪屈肘回收至右肩旁，爪心向前。目视左爪。（图 2–84）

图 2–84

2. 右脚向前跨半步跺脚成右弓步，同时，右爪直臂平直向身前推抓，爪心向前；左爪屈肘回收至右肩前，肘下垂，爪心向右。目视右爪。（图2−85）

图 2−85

七、蛇盘架

左脚向后退半步，右脚回带半步，两腿屈蹲成半马步，同时，左爪屈肘向下按压至右肋外侧，爪心向右；右爪臂略屈上提至身右侧上方扣腕，略高于头，爪心向前。目视右爪。（图2−86）

图 2−86

第七节 鹤立

【口诀】

入洞捉蛇随手下，怀中献拐骑马架。
叶底藏花托裆抓，白鹤吞食把心抓。
二龙吐须独立架，白鹤亮翅把眼抓。
兔抓鸡尾连三抓，一连三抓回老家。
两手猛提鹤立架，此为少林第六抓。

【动作】

一、入洞捉蛇

两脚跟碾地，上体左转，右脚向前上步，成右弓步，同时，左爪屈肘向左上架至头前，爪心向上；右爪屈肘向下经右腰侧外旋，直臂向身前掏爪，爪心向上，上身前俯。目视右爪。（图 2–87）

图 2–87

二、怀中献拐

1. 右脚向后收半步，重心移至左腿，两腿屈膝成右虚步，同时，左爪屈肘向下按压至身前下方，爪心向下；右爪屈肘、内旋回收至右耳旁，爪心向前，上身右拧。目视左爪。（图 2-88）

图 2-88

2. 右脚向前上半步，脚尖内扣，上体左转，两腿屈膝成马步，同时，右爪屈肘夹紧，用肘尖向前、向右下压击至身右侧，高与腰平；左爪外旋、屈肘抓握于右腕部，上身左拧略前倾。目视右肘。（图 2-89）

图 2-89

三、叶底藏花

上体右转，左脚向前上半步，两腿屈膝成下蹲步，同时，右爪屈肘向上架至头上方，爪心向外；左爪直臂向前掏抓至身前，爪心向上。目视左爪。（图 2–90）

图 2–90

四、白鹤吞食

身体重心落于右腿，左腿屈膝在身前提起，同时，左爪屈肘、内旋回收于胸前，再直臂向身前平直推抓，爪心向前；右爪屈肘下落至左胸前，爪心向前。目视左爪。（图2–91）

图 2–91

五、白鹤亮翅

左脚下落，右脚蹬地跳起，屈膝上提，上体左转，同时，右爪直臂向身右侧上方推抓出，爪心向前；左爪屈肘回收至右肋外侧，爪心向下。目视右爪。（图 2–92）

图 2–92

六、掏心抓

1. 右脚在身右侧落地，上体右转，两腿屈膝成右虚步，同时，左爪屈肘在身前上架，略高于肩，爪心向前；右爪屈肘回收至右耳旁，爪心向前。目视左爪。（图 2–93）

图 2–93

2. 右脚向前跨半步跺脚成右弓步，同时，右爪直臂向身前推抓，略低于肩，爪心向前；左爪屈肘回收至右肩前，爪心向右。目视前方。（图2–94）

图 2–94

七、劈面抓

1. 右脚向后收半步，重心后移至左腿，两腿屈膝成右虚步，上体右拧，同时，左爪臂略屈向前、向下按压至身前下方，爪心向下；右爪屈肘回收至右耳旁，爪心向前。目视左爪。（图 2–95）

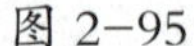

图 2–95

2. 右脚向前跨半步踩脚成右弓步，同时，右爪直臂向身前推抓，高与头平，爪心向前；左爪屈肘回收至右肩腋下外侧，爪心向右。目视右爪。（图 2–96）

图 2–96

八、扑胸抓

1. 右脚向后半步，重心后移至左腿，两腿屈膝成右虚步，上体右拧略后仰，同时，左爪在身前屈肘上架，略高于肩，爪心向前；右爪屈肘回收至右耳旁，爪心向前。目视左爪。（图 2–97）

图 2–97

2. 右脚向前跨半步跺脚成右弓步，同时，右爪直臂平直向身前推抓，爪心向前；左爪屈肘回收至右肩前，肘下垂，爪心向右。目视右爪。（图 2−98）

图 2−98

九、鹤立架

左脚向后退半步，右脚回带半步，两腿屈蹲成半马步，同时，左爪屈肘向下按压至右肋外侧，爪心向前；右爪臂略屈上提至身右侧上方扣腕，略高于头，爪心向前。目视右爪。（图 2−99）

图 2−99

第八节 猴 闪

【口诀】

一阴二阳双膀摇，猿猴倒挂翻身跳。
拔云摘月随手下，迎面探海反手抓。
向后闪躲寸坐势，猛抓面门难招架。
兔抓鸡尾连三抓，一连三抓回老家。
双手猛提猴闪架，此为少林第七抓。

【动作】

一、猿猴倒挂

1.身体重心落于右腿，左腿屈膝向右侧提起，同时，左爪屈肘向上、向前格推，高与肩平，爪心向前；右爪直臂下落至身后，爪心向下。目视左爪。（图2-100）

图 2-100

2.右脚蹬地跳起，左脚下落，上体左转约90度，同时，左爪直臂向下、向左、向后落于身后，爪心向后；右爪外旋，直臂向上、向前抡至头前上方，爪心向左。目视右爪。（图2-101）

3.右脚在左脚内侧落步，脚尖点地，两腿屈膝成右丁步，同时，右爪直臂向下经体右侧向后反撩抓，爪心向上；左爪外旋，屈肘向前、向上反抓至左肩前，爪心向后。目视右侧。（图2-102）

图 2-101

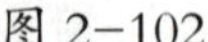

图 2-102

二、拨云摘月

右脚向右侧跨步跺脚落地，两腿屈膝成马步，同时，左爪屈肘向右、向下按压至右肋外侧，爪心向下；右爪屈肘上提至胸前，从左臂内侧绕出，直臂向右下方反撩抓，爪心向里。目视右爪。（图2-103）

图 2-103

三、迎面探海

上体右转，重心移至左腿，右脚向前弹踢，高与裆平，脚背绷紧，同时，右爪屈肘回收至胸前，再直臂向身前平直推抓，爪心向前；左爪屈肘回收至左腰侧，爪心向下。目视右爪。（图2-104）

图 2-104

四、寸坐势

1.右脚在身前落步，上体左转，两腿屈膝成下蹲步，同时，右爪内旋，直臂下落至身后，爪心向上；左爪外旋、屈肘向上托抓于左耳侧，爪心向上。目视右爪。（图2–105）

2.右脚向后退半步，两脚前掌碾地，上体右转，成右弓步，同时，右爪直臂向下经身前向上、向前弧形绕环至身前，再屈右肘回收至胸前用爪心托住左前臂下侧；左爪直臂向前、向下盖抓，爪心向下，上体略前倾。目视左爪。（图2–106）

图 2–105

图 2–106

五、掏心抓

1.右脚向后收半步，重心移至左腿，两腿屈膝成右虚步，同时，左爪屈肘上架至头前方，爪心向前；右爪屈肘回收至右耳旁，爪心向前。上体右拧略后仰，目视左爪。（图2-107）

2. 右脚向前跨半步跺脚成右弓步，同时，右爪直臂向身前推抓，略低于肩，爪心向前；左爪屈肘回收至右肩前，爪心向右。目视前方。（图2-108）

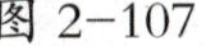

图 2-107

图 2-108

六、劈面抓

1. 右脚向后收半步，重心后移至左腿，两腿屈膝成右虚步，上体右拧，同时，左爪臂略屈向前、向下按压至身前下方，爪心向下；右爪屈肘回收至右耳旁，爪心向前。目视左爪。（图2-109）

2. 右脚向前跨半步踩脚成右弓步，同时，右爪直臂向身前推抓，高与头平，爪心向前；左爪屈肘回收至右肩腋下外侧，爪心向右。目视右爪。（图2-110）

图 2-109

图 2-110

七、扑胸抓

1.右脚向后半步，重心后移至左腿，两腿屈膝成右虚步，上体右拧略后仰，同时，左爪在身前屈肘上架，略高于肩，爪心向前；右爪屈肘回收至右耳旁，爪心向前。目视左爪。（图2-111）

2.右脚向前跨半步踩脚成右弓步，同时右爪直臂平直向身前推抓，爪心向前；左爪屈肘回收至右肩前，肘下垂，爪心向右。目视右爪。（图2-112）

图 2-111

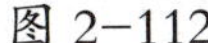

图 2-112

八、猴闪架

左脚向后退半步，右脚回带半步，两腿屈蹲成半马步，同时，左爪屈肘向下按压至右肋外侧，爪心向下；右爪臂略屈上提至身右侧上方扣腕，略高于头，爪心向前。目视右爪。（图2–113）

图 2–113

第九节 马　奔

【口诀】

野马奔蹄侧身起，上抓面门下踹裆。
惊马回首连一腿，巧击中部三不停。
上下翻飞阴阳抓，追风赶月难阻挡。
兔抓鸡尾连三抓，一连三抓回老家。
双手猛提马奔架，此为少林第八抓。

【动作】

一、野马奔蹄

1.两脚跟碾地，右脚尖内扣，左脚尖外展，两腿屈膝成半马步，同时，左爪屈肘向下经身前向左、向上架至身左侧上方，爪心向前；右爪直臂下落至身右侧下方，爪心向下。目视左爪。（图2-114）

图 2-114

2.上体左转，重心落于左腿，右脚向前踩踢，力达脚跟，同时，右爪直臂向下经体右侧外旋向前、向上撩抓至头前方，爪心向上；左爪屈肘下按至腹前，爪心向下。目视前方。（图2-115）

图 2-115

3.左脚前掌碾地，上体左转，重心落于左腿，右腿在身前屈膝、屈踝里缠向右侧踹出，高与腰平，上身向左侧倾，同时，右爪屈肘，内旋向右侧平直推抓，爪心向前。目视右爪。（图2-116）

图 2-116

二、惊马回首

1.右腿在身右侧下落，脚前掌着地，上体左转，两腿屈膝向下蹲步，同时，右爪直臂下落于身后，爪心向上；左爪屈肘上提至胸前，爪心向下。目视斜后。（图2-117）

2.身体重心落于右腿，左腿向后、向上挑起，高与肩平，同时，左爪直臂向下经体左侧向后、向上反撩抓至身后，爪心向上；右爪外旋，屈肘向下经体右侧向前、向上托抓至身前，高与头平，爪心向里；上身前俯。目视斜后。（图2-118）

图 2-117

图 2-118

三、追风赶月

1.左脚在身后落地，两脚跟碾地，上体左转，两腿屈膝成半蹲步，同时，左爪屈肘，外旋向上、向左翻腕至身前，高与胸平，爪心向上；右爪直臂向前、向下盖抓至身前，爪心向下。在右爪下盖时，左爪心托住右前臂下侧。目视右爪。（图2-119）

图 2-119

2.左爪内旋，直臂向身前平直推抓，爪心向前；右爪屈肘回收至胸前，爪心向前。目视左爪。（图2-120）

图 2-120

3.右脚向前上步，两腿屈膝成右虚步，同时，右爪外旋，直臂向右、向前、向左平搂至身前，略高于肩，爪心向左；左爪屈肘回收至左胯旁，爪心向下，上身左拧。目视右爪。（图2–121）

4.左爪外旋，直臂向左、向前、向右平搂至身前，略高于肩，爪心向右；右爪屈肘回收至右胯旁，爪心向下，上身右拧。目视左爪。（图2–122）

图 2–121

图 2–122

5.右脚向前上半步，上体左转，两腿屈膝成马步，同时，右爪直臂向身右侧平直推抓，爪心向前；左爪内旋，屈肘回收至左腰侧，爪心向下。目视右爪。（图2–123）

图 2–123

四、掏心抓

1.上体右转，右腿回收半步，重心移至左腿，两腿屈膝成右虚步，同时，左爪屈肘在身前上架，高与头平，爪心向前；右爪屈肘回收至右耳旁，爪心向前，上身右拧略后仰。目视左爪。（图2–124）

图 2–124

2.右脚向前跨半步踩脚，成右弓步，同时，左爪屈肘回收至右肩肩前，爪心向右；右爪向身前直臂推抓，高与肩平，爪心向前。目视右爪。（图2-125）

图 2-125

五、劈面抓

1.右脚向后收半步，重心后移至左腿，两腿屈膝成右虚步，上体右拧，同时，左爪臂略屈向前、向下按压至身前下方，爪心向下；右爪屈肘回收至右耳旁，爪心向前。目视前方。（图2-126）

图 2-126

2.右脚向前跨半步跺脚，成右弓步，同时，右爪直臂向身前推抓，高与头平，爪心向前；左爪屈肘回收至右肩腋下外侧，爪心向右。目视右爪。（图2-127）

图 2-127

六、扑胸抓

1.右脚向后收半步，重心后移左腿，两腿屈膝成右虚步，上体右拧略后仰，同时，左爪在身前屈肘上架，高与头平，爪心向前；右爪屈肘回收至右耳旁，爪心向前。目视左爪。（图2-128）

图 2-128

2.右脚向前跨半步跺脚，成右弓步，同时，右爪直臂平直向身前推抓，爪心向前；左爪屈肘回收至右肩前，肘下垂，爪心向右。目视右爪。（图2−129）

图 2−129

七、马奔架

左脚向后退半步，右脚回带半步，两腿屈膝成右半马步，同时，左爪屈肘向下按压至右肋外侧，爪心向前；右爪臂略屈上提至身右侧上方扣腕，略高于头，爪心向下。目视右爪。（图2−130）

图 2−130

第十节 鹰 捉

【口诀】

左右拍云把膀摇，转身摇架抹面抓。
妖鹰闪身三展翅，梅花云手左右转。
绞翅斜飞把裆抓，鹞鹰转身劈心抓。
兔抓鸡尾连三抓，一连三抓回老家。
双手猛捉鹰捉架，此为少林第九抓。

【动作】

一、左右拍云

1. 右脚尖内扣，两腿屈膝成马步，同时，左爪臂略屈向上、向左弧形摇膀至左侧上方，爪心向左；右爪内旋、臂略屈下落至右胯旁，爪心向下。目视左爪。（图 2–131）

2. 右爪臂略屈向左经身前向上、向右弧形摇膀至右侧上方，爪心向前；左爪屈肘下落至左腰侧，爪心向下。目视右爪。（图 2–132）

图 2–131

图 2-132

二、鹞鹰闪身（右）

1. 左脚尖外展，上体左转，同时，左爪屈肘向上、向左外格至左上方，爪心向前；右爪直臂下落至身后，爪心向上。目视左爪。（图 2-133）

2. 上体左转，右脚向前上步，两腿屈膝成右虚步，同时，右爪直臂经体右侧向前、向上撩抓至身前上方，爪心向前；左爪屈肘下落至左胯旁，爪心向下。目视右爪。（图 2-134）

图 2-133　　图 2-134

三、鹞鹰闪身（左）

1. 右脚向右上半步，脚尖外展，上体右转，同时，右爪内旋，屈肘向右外格至右侧上方，爪心向右。目视前方。（图 2–135）

2. 上体右转，左脚向前上步，两腿屈膝成左虚步，同时，左爪外旋、直臂经体左侧向前、向上撩抓至身前上方，爪心向后；右爪直臂下落至右胯旁，爪心向下。目视左爪。（图 2–136）

图 2–135

图 2–136

四、鹞鹰闪身（右）

1. 左脚向左上半步，脚尖外展，上体左转，同时，左爪内旋，屈肘向左外格至左侧上方，爪心向前。目视左爪。（图 2–137）

图 2–137

2. 上体左转，右脚向前上步，两腿屈膝成右虚步，同时，右爪直臂经体右侧向前、向上撩抓至身前上方，爪心向后；左爪屈肘下落至左胯旁，爪心向下。目视右爪。（图 2–138）

图 2–138

五、绞翅斜飞

左脚从身后向右侧插步，两腿屈膝下蹲成歇步，同时，右爪内旋，直臂向左、向下经身前向右下方反撩抓至身右侧，爪心向上；左爪屈肘上提至左胸外侧，爪心向下，上身右拧。目视右爪。（图 2-139）

图 2-139

六、鹞鹰转身

1. 两脚前掌碾地，上体左转，两膝略屈，同时，右爪直臂向左、向前平摆于身前方时，屈肘上架至头上方，爪心向前；左爪屈肘向左按至腹前，爪心向下。目视前方。（图 2-140）

图 2-140

2. 右脚向前上步于左脚内侧并步靠拢，两腿屈膝略蹲，同时，左爪屈肘向上架至头上方，爪心向前；右爪屈肘下落于胸前再平直向身前推抓，爪心向前。目视右爪。（图2-141）

图 2-141

七、掏心抓

1. 右脚向前上步，两腿屈膝成右虚步，同时，左爪屈肘下落至胸前再向身前上架，爪心向前；右爪屈肘回收至右耳旁，爪心向前，上身右拧略后仰。目视左爪。（图 2-142）

图 2-142

2. 右脚向前跨半步跺脚，成右弓步，同时，左爪屈肘回收至右肩前，爪心向右；右爪向身前直臂推抓，高与肩平，爪心向前。目视右爪。（图2-143）

图 2-143

八、劈面抓

1. 右脚向后收半步，重心后移至左腿，两腿屈膝成右虚步，上体右拧，同时，左爪臂略屈向前、向下按压至身前下方，爪心向下；右爪屈肘回收至右耳旁，爪心向前。目视前方。（图 2-144）

图 2-144

2. 右脚向前跨半步跺脚，成右弓步，同时，右爪直臂向身前推抓，高与头平，爪心向前；左爪屈肘回收至右肩腋下外侧，爪心向右。目视右爪。（图 2–145）

图 2–145

九、扑胸抓

1. 右脚向后收半步，重心后移左腿，两腿屈膝成右虚步，上体右拧略后仰，同时，左爪在身前屈肘上架，高与头平，爪心向前；右爪屈肘回收至右耳旁，爪心向前。目视左爪。（图 2–146）

图 2–146

2. 右脚向前跨半步跺脚，成右弓步，同时，右爪直臂平直向身前推抓，爪心向前；左爪屈肘回收至右肩前，肘下垂，爪心向右。目视右爪。（图2−147）

图 2−147

十、鹰捉架

左脚向后退半步，右脚回带半步，两腿屈膝成右半马步，同时，左爪屈肘向下按压至右肋外侧，爪心向右；右爪臂略屈上提至身右侧上方扣腕，略高于头，爪心向下。目视右爪。（图2−148）

图 2−148

第十一节 兔 脱

【口诀】

左右绞膀撩阴抓，阴阳反肘顺势抓。
野兔穿洞通心下，相似兔儿来打架。
左劈右盖阴阳势，翻身抡臂显神抓。
兔抓鸡尾连三抓，一连三抓回老家。
双手猛提兔脱架，此为少林第十抓。

【动作】

一、绞膀撩阴（右）

1. 左脚向左上半步，成左弓步，同时，右爪直臂向下经体右侧向前、向上撩抓至身前，爪心向上；左爪屈肘至右肩腋下外侧，爪心向右。目视右爪。（图 2-149）

图 2-149

2. 右脚向前上半步，左脚再向前上半步，两腿屈膝成下蹲步，同时，左爪屈肘上架至头前方，爪心向前；右爪内旋，直臂向后、向下再屈肘经右腰侧向前推抓，高与腰平，爪心向前，上身左拧。目视右爪。（图2-150）

图 2-150

二、绞膀撩阴（左）

1. 右脚向前上步，成右弓步，同时，左爪直臂向后、向下经体左侧向前、向上撩抓至头前方，爪心向上；右爪屈肘，内旋回收至左肩腋下外侧，爪心向左。目视左爪。（图 2-151）

图 2-151

2. 左脚向前上半步，右脚再向前上半步，两腿屈膝成下蹲步，同时，右爪屈肘上架至头前方，爪心向前；左爪内旋，直臂向后、向下屈肘经左腰侧向前推抓，高与腰平，爪心向前，上身右拧。目视左爪。（图 2–152）

图 2–152

三、阴阳反肘

左脚向前上步，两腿屈膝成下蹲步，同时，右爪直臂向后、向下经体右侧向前、向上撩抓，于身前方时再屈肘、内旋回收至右耳旁，爪心向左，肘尖向前；左爪屈肘回收至右胸外侧，爪心向右。目视右肘。（图 2–153）

图 2–153

四、顺势抓

左脚向前上半步，成左弓步，同时，右爪直臂向身前推抓，爪心向前，上身前俯；直臂向上抓至身前。目视右爪。（图 2−154）

图 2−154

五、野兔穿洞

左脚跟碾地，上体左转，右腿向右侧踹出，左腿直立，同时，右爪屈肘回收于胸前，再直臂向右侧推抓，爪心向右；左爪直臂向左侧推抓，爪心向左，上身左侧倾。目视右爪。（图 2−155）

图 2−155

六、翻身抡臂

1. 右脚在身右侧落步，上体左转，两腿屈膝成下蹲步，同时，右爪直臂下落至身后，爪心向上；左爪屈肘，外旋向上托至左肩前，爪心向上。目视身后。（图 2–156）

图 2–156

2. 左脚向身后退一步，右脚跟与左脚掌一起碾地，上体左翻转，同时，左爪内旋，直臂向上、向前、向下弧形劈抓至身前，爪心向下；右爪外旋，直臂经体右侧向上、向前弧形抡起，爪心向前。目视前方。（图 2–157）

图 2–157

3. 左脚向前上步，成左弓步，同时，右爪直臂向下盖抓至身前，爪心向下；左爪屈肘内旋，在身前上提，用爪心托握右前臂下侧，上身前俯。目视右爪。（图 2–158）

图 2–158

七、掏心抓

1. 右脚向前上步，两腿屈膝成右虚步，同时，左爪屈肘内旋上架至头前方，爪心向前；右爪屈肘回收至右耳旁，爪心向前，上身右拧略后仰。日视左爪。（图 2–159）

图 2–159

2.右脚向前跨半步跺脚，成右弓步，同时，左爪屈肘回收至右肩前，爪心向右；右爪向身前直臂推抓，略低于肩，爪心向前。目视右爪。（图2-160）

图 2-160

八、劈面抓

1. 右脚向后收半步，重心后移至左腿，两腿屈膝成右虚步，上体右拧，同时，左爪臂略屈向前、向下按压至身前下方，爪心向下；右爪屈肘回收至右耳旁，爪心向前。目视前方。（图 2-161）

图 2-161

2.右脚向前跨半步跺脚，成右弓步，同时，右爪直臂向身前推抓，高与头平，爪心向前；左爪屈肘回收至右肩腋下外侧，爪心向右。目视右爪。（图2-162）

图 2-162

九、扑胸抓

1. 右脚向后收半步，重心后移左腿，两腿屈膝成右虚步，上体右拧略后仰，同时，左爪在身前屈肘上架，高与头平，爪心向前；右爪屈肘回收至右耳旁，爪心向前。目视左爪。（图2-163）

图 2-163

2. 右脚向前跨半步跺脚，成右弓步，同时，右爪直臂平直向身前推抓，爪心向前；左爪屈肘回收至右肩前，肘下垂，爪心向右。目视右爪。（图2–164）

图 2–164

十、兔脱架

左脚向后退半步，右脚回带半步，两腿屈膝成右半马步，同时，左爪屈肘向下按压至右肋外侧，爪心向前；右爪臂略屈上提至身右侧上方扣腕，略高于头，爪心向下。目视右爪。（图2–165）

图 2–165

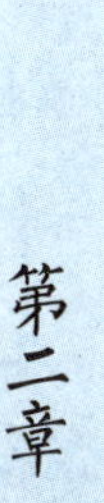

第十二节 燕 抄

【口诀】

燕子抄水翻身下，跳步转身连三下。
巧女引针把裆抓，转身提膝顺势抓。
斜劈斜上震脚上，上下劈挑连三下。
兔抓鸡尾连三抓，一连三抓回老家。
双手猛提燕抄架，此为少林十一抓。

【动作】

一、燕子抄水（右）

1.右脚前掌碾地，上体左转，左腿屈膝在身前提起，身体重心落于右腿，同时，右爪直臂向下经体右侧外旋向前、向上撩抓至身前上方，爪心向上；左爪屈肘向左平摆至左腰侧，爪心向下。目视右爪。（图2–166）

2.右脚蹬地跳起，屈膝在身前上提，左脚落地独立，上体略左转，同时，右爪直臂向左平摆至头上方，爪心向前；左爪屈肘向左平摆至左腰侧，爪心向下。目视右爪。（图2–167）

图 2–166　　图 2–167

3.左腿屈膝下蹲，右腿向右侧落步伸直成右仆步，同时，右爪直臂向下经身前内旋向右下反撩抓至身右侧下方，爪心向上；左爪屈肘上提至左胸外侧，爪心向下，上身前俯。目视右爪。（图2–168）

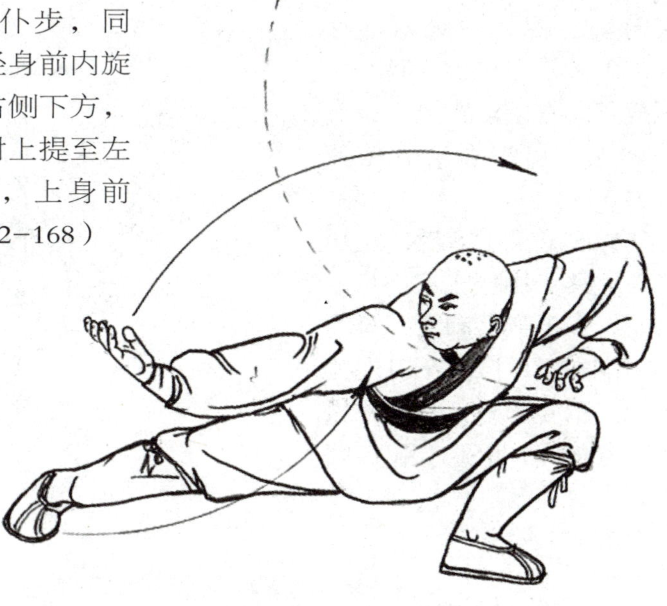

图 2–168

二、燕子抄水（左）

1.左脚前掌碾地，上体右转，右腿屈膝在身前提起，身体重心落于左腿，同时，左爪外旋，直臂向下经体左侧向前、向上撩抓至身前上方，爪心向上；右爪外旋，屈肘回收至右胯旁，爪心向下。目视左爪。（图2–169）

图 2–169

2.左脚蹬地跳起，屈膝在身前上提，右脚落地独立，上体略右转，同时，左爪直臂向右摆至头上方，爪心向上。目视右下。（图2-170）

3.右腿屈膝下蹲，左腿向左侧落步伸直成左仆步，同时，左爪直臂向下经身前内旋向左下反撩抓至身左侧下方，爪心向上；右爪屈肘上提至右胸外侧，爪心向下，上身前俯。目视左爪。（图2-171）

图 2-170

图 2-171

三、燕子抄水（右）

1.右脚前掌碾地，上体左转，左腿屈膝在身前提起，右腿直立，同时，右爪直臂向下经体右侧外旋向前、向上撩抓至身前上方，爪心向上；左爪内旋，屈肘回收至左腰侧，爪心向下。目视右爪。（图2-172）

2.右脚蹬地跳起，屈膝在身前上提，左脚落地独立，上体略左转，同时，右爪直臂向左平摆至头上方，爪心向前；左爪屈肘向左平摆至左腰侧，爪心向下。目视右爪。（图2-173）

图 2-172

图 2-173

3.左腿屈膝下蹲，右腿向右侧落步伸直成右仆步，同时，右爪直臂向下经身前内旋向右下反撩抓至身右侧下方，爪心向上；左爪屈肘上提至左胸外侧，爪心向下，上身前俯。目视右爪。（图2–174）

图 2–174

四、巧女引针

上体左转，右脚向前上步成右弓步，同时，左爪屈肘向上、向左托架至头上方，爪心向上；右爪内旋，屈肘经腰右侧向前掏抓至身前，高与头平，爪心向上，上身前压。目视右爪。（图2–175）

图 2–175

五、斜劈斜上

1.右脚前掌碾地，上体左转，左腿屈膝在身前提起，同时，左、右爪一起直臂向前、向下、向身左后方劈抓，左爪在身后、爪心向右；右爪在左胯旁，爪心向左，上身左拧。目视右爪。（图2-176）

2.左脚在身前落步，两腿屈膝成下蹲步，同时，左、右爪一起直臂向前、向上挑起，右爪在头前上方，爪心向左；左爪在胸前，爪心向右。目视右爪。（图2-177）

图 2-176

图 2-177

3.右脚向前上步，两腿屈膝成半蹲步，同时，左、右爪一起直臂向下、向身左后方劈抓，左爪在左胯后，爪心向后；右爪在左胯旁，爪心向左，上身左拧。目视左下。（图2-178）

图 2-178

4.右脚向前上半步，左脚跟进半步，两腿屈膝成下蹲步，同时，左、右爪一起直臂向前、向上挑起，右爪在头前上方，爪心向左；左爪在胸前，爪心向右。目视右爪。（图2-179）

图 2-179

六、掏心抓

1.右脚向后退半步，重心移至左腿，两腿屈膝成右虚步，同时，左爪屈肘上架至头前方，爪心向前；右爪屈肘回收至右耳旁，爪心向前，上身右拧略后仰。目视左爪。（图2−180）

2.右脚向前跨半步跺脚成右弓步，同时，右爪直臂向身前推抓，略低于肩，爪心向前；左爪屈肘回收至右肩前，爪心向右。目视前方。（图2−181）

图 2−180

图 2−181

七、劈面抓

1.右脚向后收半步，重心后移至左腿，两腿屈膝成右虚步，上体右拧，同时，左爪臂略屈向前、向下按压至身前下方，爪心向下；右爪屈肘回收至右耳旁，爪心向前。目视左爪。（图2-182）

2.右脚向前跨半步跺脚成右弓步，同时，右爪直臂向身前推抓，高与头平，爪心向前；左爪屈肘回收至右肩腋下外侧，爪心向右。目视右爪。（图2-183）

图 2-182

图 2-183

八、扑胸抓

1.右脚向后半步，重心后移至左腿，两腿屈膝成右虚步，上体右拧略后仰，同时，左爪在身前屈肘上架，略高于肩，爪心向前；右爪屈肘回收至右耳旁，爪心向前。目视左爪。（图2−184）

2.右脚向前跨半步跺脚成右弓步，同时，右爪直臂平直向身前推抓，爪心向前；左爪屈肘回收至右肩前，肘下垂，爪心向右。目视右爪。（图2−185）

图 2−184

图 2−185

九、燕抄架

左脚向后退半步，右脚回带半步，两腿屈蹲成半马步，同时，左爪屈肘向下按压至右肋外侧，爪心向下；右爪臂略屈上提至身右侧上方扣腕，略高于头，爪心向前。目视右爪。（图2-186）

图 2-186

第十三节 鸡 蹬

【口诀】

锦鸡扑食转身起，左右三跳翻身抓。
迎面蹬枝鸡斗势，金鸡抖翎蹬裆下。
上步踩脚劈挑抓，震脚出抓势难架。
兔抓鸡尾连三抓，一连三抓回老家。
两手猛提鸡蹬架，此为少林十二抓。

【动作】

一、锦鸡扑食（右）

1.右脚前掌碾地，上体左转，左腿屈膝在身前提起，身体重心落于右腿，同时，左爪屈肘向前、向左外格至左肩前方，爪心向前；右爪直臂下落至身后，爪心向下。目视左爪。（图2-187）

图 2-187

2.左脚下落，右脚蹬地跳起向前落步，上体左转，两腿屈膝成半马步，同时，右爪外旋，直臂向上、向前、向右下扑抓至身右侧，爪心向前；左爪屈肘下按至右肋外侧，爪心向下。目视右爪。（图2–188）

图 2–188

二、锦鸡扑食（左）

1.左脚前掌碾地，上体右转，右腿在身前屈膝提起，身体重心落于左腿，同时，右爪屈肘向右外格至右肩前，爪心向前；左爪直臂下落至左胯旁，爪心向下。目视右爪。（图2–189）

图 2–189

2.右脚下落，左脚蹬地跳起向前落步，上体右转，两腿屈膝成半马步，同时，左爪外旋，直臂向上、向前、向左下扑抓，爪心向前；右爪屈肘下按至左肋外侧，爪心向下。目视左爪。（图2-190）

图 2-190

三、锦鸡扑食（右）

1.右脚前掌碾地，上体左转，左腿屈膝在身前提起，身体重心落于右腿，同时，左爪屈肘向左外格至左肩前方，爪心向前；右爪屈肘回收至右胯旁，爪心向下。目视左爪。（图2-191）

图 2-191

2.左脚下落，右脚蹬地跳起向前落步，上体左转，两腿屈膝成半马步，同时，右爪外旋，直臂向上、向前、向右下扑抓至身右侧，爪心向前；左爪屈肘下按至右肋外侧，爪心向下。目视右爪。（图2-192）

图 2-192

四、金鸡抖翎

1.上体右转，左脚向右脚跟进半步，两腿屈膝成半蹲步，同时，左爪外旋，屈肘向前、向上托至身前，高与肩平，爪心向上；右爪直臂下落回收至右胯旁，爪心向下。目视左爪。（图2-193）

图 2-193

2.身体重心移至右腿，左脚向前弹踢，同时，右爪直臂向前、向上撩击至身前，爪心向下；左爪屈肘回收至左腰侧，爪心向上。目视右爪。（图2–194）

图 2–194

五、右臂抓

左脚在身前落步，右脚向左脚跟进半步，两腿屈膝成下蹲步，同时，右爪外旋，直臂向下、向左劈抓至左膝外侧，爪心向左；左爪内旋，屈肘向上提至右肩前，爪心向右，上身左拧。目视左爪。（图2–195）

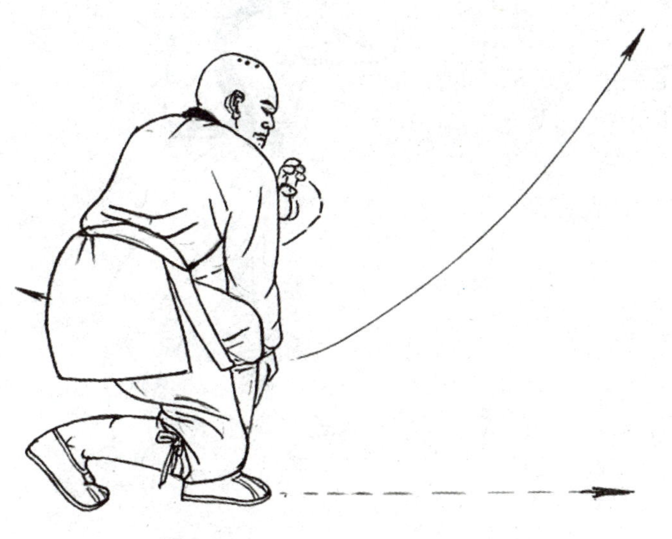

图 2–195

六、上挑抓

左脚向前上半步，成左弓步，同时，右爪直臂向前、向上挑至身前上方，爪心向上；左爪直臂向下、向左后拉至身后，爪心向下，上身前压。目视右爪。（图2−196）

图 2−196

七、掏心抓

1.右脚向前上步，两腿屈膝成右虚步，同时，左爪屈肘经体左侧向前、向上架至头前方，爪心向前；右爪屈肘回收至右耳旁，爪心向前，上身右拧略后仰。目视左爪。（图2−197）

图 2−197

2.右脚向前跨半步踩脚，成右弓步，同时，左爪屈肘回收至右肩前，爪心向右；右爪向身前直臂推抓，略低于肩，爪心向前。目视右爪。（图2-198）

图 2-198

八、劈面抓

1.右脚向后收半步，重心后移至左腿，两腿屈膝成右虚步，上体右拧，同时，左爪臂略屈向前、向下按压至身前下方，爪心向下；右爪屈肘回收至右耳旁，爪心向前。目视前方。（图2-199）

图 2-199

2.右脚向前跨半步跺脚，成右弓步，同时，右爪直臂向身前推抓，高与头平，爪心向前；左爪屈肘回收至右肩腋下外侧，爪心向右。目视右爪。（图2-200）

图 2-200

九、扑胸抓

1.右脚向后收半步，重心后移左腿，两腿屈膝成右虚步，上体右拧略后仰，同时，左爪在身前屈肘上架，高与头平，爪心向前；右爪屈肘回收至右耳旁，爪心向前。目视左爪。（图2-201）

图 2-201

2.右脚向前跨半步跺脚，成右弓步，同时，右爪直臂平直向身前推抓，爪心向前；左爪屈肘回收至右肩前，肘下垂，爪心向右。目视右爪。（图2–202）

图 2–202

十、鸡蹬架

左脚向后退半步，右脚回带半步，两腿屈膝成右半马步，同时，左爪屈肘向下按压至右肋外侧，爪心向前；右爪臂略屈上提至身右侧上方扣腕，略高于头，爪心向下。目视右爪。（图2–203）

图 2–203

第十四节 牛 抵

【口诀】

拨云推月跟步上，牯牛摆头心开花。
犀牛望月连三下,左右几抓牛斗架。
牯牛抵角探海抓，震步推打把心抓。
兔抓鸡尾连三抓，一连三抓回老家。
双手猛提牛抵架，此为少林十三抓。

【动作】

一、牯牛摆头（右）

1.右脚尖内扣，身体重心落于右腿，上体左转，左腿屈膝在身前提起，同时，左爪屈肘向前、向左平搂至左膝外侧，爪心向下；右爪稍下落，爪心向后。目视左爪。（图2-204）

图 2-204

2.左脚在身前落步，右脚向前上步，成右弓步，同时，左爪屈肘向上、向左托架至头后上方，爪心向上；右爪屈肘向下经右腰侧向右推抓至身右侧，爪心向前，上身前压。目视右爪。（图2-205）

图 2-205

二、牯牛摆头（左）

1.身体重心落于左腿，上体右转，右腿屈膝在身前提起，同时，右爪屈肘向右平搂至右膝外侧，爪心向下；左爪臂略屈向左摆至身左侧，爪心向左。目视右爪。（图2-206）

图 2-206

2.右脚在身前落步，左脚向前上步，成左弓步，同时，右爪屈肘向上、向右托架至头后上方，爪心向上；左爪屈肘向下经左腰侧向左推抓至身左侧，爪心向右，上身前压。目视左爪。（图2-207）

图 2-207

三、牯牛摆头（右）

1.身体重心落于右腿，左腿屈膝在身前提起，同时，左爪屈肘向左平搂至左膝外侧，爪心向下；右爪臂略屈向右平摆至身右侧，爪心向右。目视左爪。（图2-208）

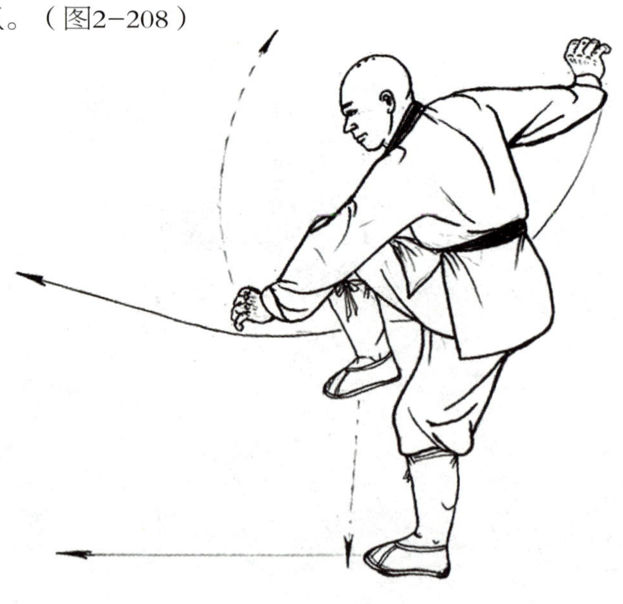

图 2-208

2.左脚在身前落步，右脚向前上步，成右弓步，同时，左爪屈肘向上、向左托架至头后上方，爪心向上；右爪屈肘向下经右腰侧向右推抓至身右侧，爪心向前，上身前压。目视右爪。（图2–209）

图 2–209

四、牛斗势

右脚后带半步，两腿屈膝成右虚步，同时，左、右爪一起外旋，从身两侧向下、向里落至腹前，右爪在前，左爪在后，两爪心均向上。目视前方。（图2–210）

图 2–210

五、探海势

左脚向前上步，右腿跟进小半步，两腿屈膝成下蹲步，同时，左、右爪一起屈肘回收至腰两侧后，再向前推抓，高与腰平，两爪心向前，上身前压。目视前方。（图2-211）

图 2-211

六、震步推打

右脚向前上步跺脚，左脚跟进小半步，两腿屈膝成半蹲步，同时，左、右爪一起屈肘回收至胸前，再内旋翻腕向身前平直推抓，两爪心均向前。目视前方。（图2-212）

图 2-212

七、掏心抓

1.身体重心移至左腿，两腿屈膝成右虚步，同时，左爪屈肘回收至胸前，再向上架至头前方，爪心向前；右爪屈肘回收至右耳旁，爪心向前，上身右拧略后仰。目视左爪。（图2-213）

2.右脚向前跨半步跺脚成右弓步，同时，右爪直臂向身前推抓，略低于肩，爪心向前；左爪屈肘回收至右肩前，爪心向右。目视前方。（图2-214）

图 2-213

图 2-214

八、劈面抓

1.右脚向后收半步，重心后移至左腿，两腿屈膝成右虚步。上体右拧，同时，左爪臂略屈向前、向下按压至身前下方，爪心向下；右爪屈肘回收至右耳旁，爪心向前。目视左爪。（图2–215）

2.右脚向前跨半步跺脚成右弓步，同时，右爪直臂向身前推抓，高与头平，爪心向前；左爪屈肘回收至右肩腋下外侧，爪心向右。目视右爪。（图2–216）

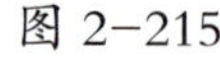

图 2–215

图 2–216

九、扑胸抓

1.右脚向后退半步，重心后移至左腿，两腿屈膝成右虚步，上体右拧略后仰，同时，左爪在身前屈肘上架，略高于肩，爪心向前；右爪屈肘回收至右耳旁，爪心向前。目视左爪。（图2-217）

2.右脚向前跨半步跺脚成右弓步，同时，右爪直臂平直向身前推抓，爪心向前；左爪屈肘回收至右肩前，肘下垂，爪心向右。目视右爪。（图2-218）

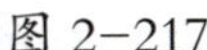

图 2-217

图 2-218

十、牛抵架

左脚向后退半步，右脚回带半步，两腿屈蹲成半马步，同时，左爪屈肘向下按压至右肋外侧，爪心向前；右爪臂略屈上提至身右侧上方扣腕，略高于头，爪心向前。目视右爪。（图2–219）

图 2–219

第十五节 收 势

【口诀】

青龙摆尾，顺水推身向前抓。

鹞子翻身，夜叉探海把裆抓。

【动作】

一、青龙摆尾

1. 右脚前掌碾地，上体左转，左腿屈膝在身前提起，身体重心落于右腿，同时，左爪屈肘向上、向左外格至左肩前方，爪心向前；右爪直臂下落至身后，爪心向后。目视左爪。（图 2-220）

图 2-220

2. 左脚在身前落步蹬地小跳，上体右转，右腿屈膝在身前提起，身体重心落于左腿，同时，右爪屈肘向下经身前向左、向上、向右弧形绕环至右肩前方，爪心向前；左爪直臂落于身后，爪心向下。目视右爪。（图 2-221）

图 2-221

二、顺水推舟

1. 右脚在身前落地，成右弓步，同时，右爪向前平直推抓，爪心向前。左爪爪心向后。目视右爪。（图 2-222）

图 2-222

2. 左脚向前上步成左弓步，同时，右爪屈肘回收至胸前，爪心向下；左爪屈肘经左耳旁向前平直推抓，爪心向前。目视左爪。（图 2–223）

图 2–223

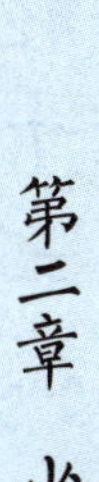

三、鹞子翻身

1. 上体右转，右腿从身后向左侧插步伸直，左腿屈膝成交叉步，同时，右爪内旋，向下、向右、向上直臂反撩抓，高过头，爪心向上，上身前俯；左爪内旋向下、向左、向上直臂反撩抓，高过头，爪心向上。目视右爪。（图 2–224）

图 2–224

2. 上体右翻转，两腿屈膝成半马步，同时，右爪直臂向上、向右、向下落至身右侧，高与肩平，爪心向右；左爪外旋，直臂向下、向左、向上撩抓至身左侧，略高过肩，爪心向右。目视左爪。（图 2-225）

图 2-225

四、夜叉探海

1. 左脚向右脚内侧收步并拢，脚尖着地，两腿屈膝半蹲成左丁步，上体左转，同时，右爪直臂向下经体右侧向前撩抓，高与腰平，爪心向上；左爪内旋，屈肘回收至右肩前，爪心向右。目视前方。（图2-226）

图 2-226

2. 上体右转，右爪屈肘回收至右腰侧，爪心向上；左爪向左平直推抓，爪心向前。目视左爪。（图 2–227）

图 2–227

五、还原势

左脚跟落地，上体左转90度，两脚并步正身直立，同时，左爪外旋、直臂向上至头上方时，再屈肘、内旋沿身左侧下落，继变掌垂于左大腿外侧；右爪向右侧直臂平伸向上至头上方时，再屈肘、内旋沿身右侧下落，继变掌垂于右大腿外侧。目视前方。（图 2–228）

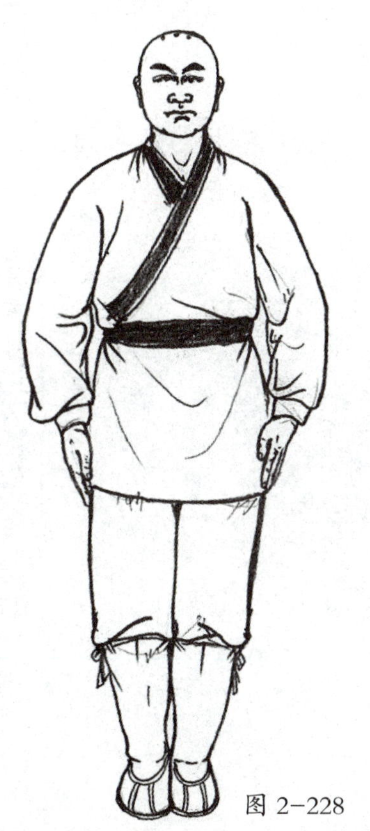

图 2–228

第三章　少林十三抓四门

四门，是在“单趟”的基础上构建而成的，每门动作围绕着直径三步的“方阵”，按东、南、西、北四个方向进行变换招势的练习，有“路线短曲，方向多变”之说，暗藏指东打西、攻上击下、灵巧善变、变幻莫测的攻防内涵。

第一节　龙行四门

一、左右拍云

预备势：两脚并步正身直立，两掌垂于体侧，呼吸自然。目视前方。（图3－1）

1.两腿屈膝略蹲，上体左拧，同时，左掌变爪，左臂内旋、略屈肘经身前向右、向上、向左弧形摇膀，爪至左肩外侧，爪心向左；右掌变爪，右臂肘微屈，内旋上提，爪至右胯旁，爪心向下。目视左爪。（图3－2）

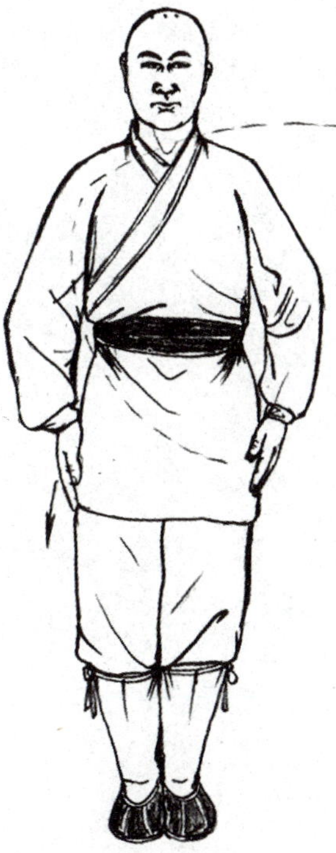

图 3－1

图 3－2

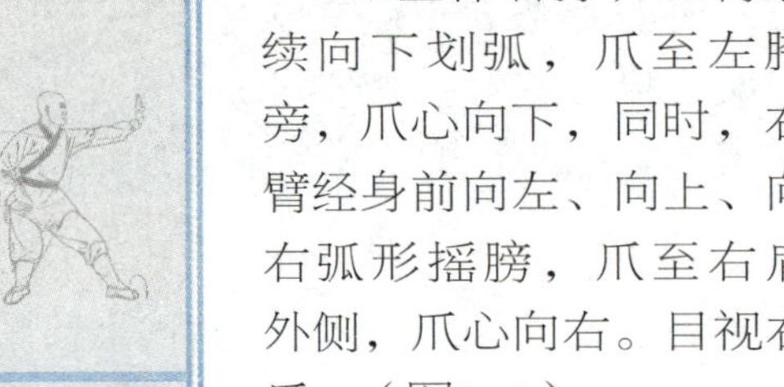

2.上体右拧，左臂继续向下划弧，爪至左胯旁，爪心向下，同时，右臂经身前向左、向上、向右弧形摇膀，爪至右肩外侧，爪心向右。目视右爪。（图3-3）

图 3-3

二、青龙探爪

1.左腿向左上步，上体左转，两腿屈膝成半马步，同时，左爪内旋经身前向上、向左外搂格至左肩前方，爪心向前；右爪下落至右胯旁，爪心向下。目视左爪。（图3-4）

图 3-4

2.右脚向前跺脚落步，成右弓步，同时，右爪外旋、直臂向上、向前、向下盖抓至身前方，爪心向前；左爪屈肘下按至腹前，爪心向下。目视右爪。（图3−5）

图 3−5

三、回头献爪

1.右脚前掌碾地，上体左转，左腿屈膝在身前提起，身体重心落于右腿，膝部微屈，同时，右爪内旋直臂向下经身前向左、向上、向右绕环抡一周至身后，爪略高过头，爪心向下；左爪内旋，随上体左转之势向左下搂至左膝外侧，爪心向下。目视左爪。（图3−6）

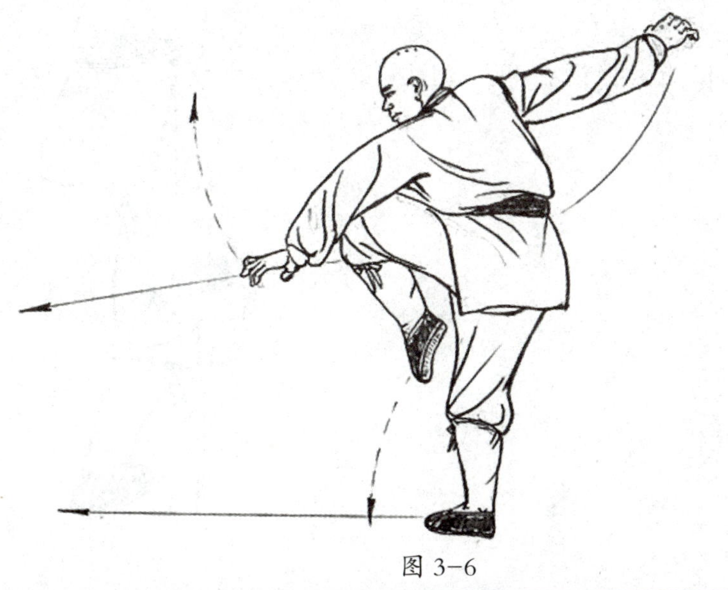

图 3−6

2.左脚在身前落步，右脚再向前上步，成右弓步，同时，左爪向上横架于头前上方，爪心向上；右爪屈肘、外旋经右腰侧向前掏抓至身前，高与肩平，爪心向上。目视右爪。（图3-7）

图 3-7

四、青龙入海

1.左脚前掌碾地，右腿屈膝在身前提起，上体右转，身体重心落于左腿，膝部微屈，同时，右爪内旋、屈肘随上体右转之势向右下搂至右膝外侧，爪心向右；左爪伸至身后，高与头平，爪心向上。目视右爪。（图3-8）

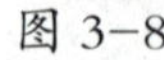

图 3-8

2.右脚在身前落步，左脚在向前上步，成左弓步，同时，右爪向上架至头前上方，爪心向前；左爪外旋、下落经体左侧直臂向前撩抓至身前，高与腰平，爪心向上。目视左爪。（图3-9）

五、青龙出水

1.左脚前掌碾地，上体右转，右腿随之屈膝在身前提起，左腿膝部微屈，同时，左爪内旋，随上体右转之势屈肘向右平摆至右肩前，爪心向右；右爪贴身下落至裆前，再直臂、外旋于右大腿外侧，略低于膝部，爪心向前。目视前方。（图3-10）

图 3-9

图 3-10

2.右脚向前上步，成右弓步，同时，左爪屈肘向前、向下按至腹前，爪心向前；右爪屈肘上提内旋于右肩前，再直臂向前推抓至身前，高与肩平，爪心向前。目视前方。（图3-11）

图 3-11

六、泰山压顶

1.右脚前掌碾地，上体左转，左腿随之屈膝在身前提起，身体重心落于右腿，膝部微屈，同时，左爪外旋向左、向上再内旋向右绕环至右肩前，爪心向右；右爪内旋向下、向左划弧至左大腿内侧，爪心向下。目视前方。（图3-12）

图 3-12

2.左脚在身前落步，右脚再向前上步跺脚，成右弓步，同时，左爪屈肘向前、向下按至腹前，爪心向下；右爪外旋、直臂向后、向上抡起再向前、向下盖抓至身前，爪心向下。目视右爪。（图3-13）

图 3-13

七、掏心抓

1．右腿回收半步，重心移至左腿，上体右拧略后仰，两腿屈膝成右虚步，同时，左爪屈肘上架至身前，略高过肩，爪心向前；右爪屈肘回收至右耳旁扣腕，爪心向下。目视左爪。（图3-14）

图 3-14

2.右脚向前跨半步跺脚，成右弓步，同时，左爪屈肘回收至右肩前，肘下垂，爪心向右；右爪翻腕向身前直臂推抓，略低于肩，爪心向前。目视右爪。（图3-15）

图 3-15

八、劈面抓

1.右脚向后收半步，重心移至左腿，上体右拧，两腿屈膝成右虚步，同时，左爪臂略屈向前、向下按压至身前下方，爪心向前；右爪屈肘回收至右耳旁扣腕，爪心向前。目视左爪。（图3-16）

图 3-16

2.右脚向前跨半步跺脚成右弓步，同时，左爪屈肘回收至右肩腋下外侧，爪心向右；右爪翻腕向身前直臂推抓，高与头平，爪心向前。目视右爪。（图3-17）

图 3-17

九、扑胸抓

1.右脚向后收半步，重心移至左腿，上体右拧略后仰，两腿屈膝成右虚步，同时，左爪臂略屈向上架至身前，高与头平，爪心向前；右爪屈肘回收至右耳旁扣腕，爪心向下。目视左爪。（图3-18）

图 3-18

2.右脚向前跨半步跺脚成右弓步，同时，左爪屈肘回收至右肩前，肘下垂，爪心向右；右爪翻腕向身前平直推抓，爪心向前。目视右爪。（图3−19）

图 3−19

十、龙行架

左脚向后退半步，右脚回带半步，上体左转，两腿屈成半马步，同时，左爪屈肘向下按压至右肋外侧，爪心向右；右爪臂略屈上提至右上方扣腕，略高于头，爪心向下。目视右爪。（图3−20）

图 3−20

第二节　凤展四门

一、左右拍云

1.左脚向右脚内侧收步并拢，右转体90度，两腿屈膝略蹲，上体左拧，同时，左爪臂略屈，内旋向上、向左弧形摇膀至左肩外侧处，爪心向左；右爪内旋向下划弧落至右胯旁，爪心向下。目视左爪。（图3–21）

2. 上体右拧，左臂继续向下划弧，爪至左胯旁，爪心向下，同时，右臂经身前向左、向上、向右弧形摇膀，爪至右肩外侧，爪心向右。目视右爪。（图3–22）

图 3–21

图 3–22

二、怀中抱月（左）

右脚向前上步，膝微屈，左脚随即向前搓脚，同时，左爪外旋、肘略屈向前上方撩抓，高与头平，爪心向上；右爪屈肘向下按压至腹前，爪心向下。目视左爪。（图3–23）

图 3–23

三、凤凰展翅（左）

1.左脚在身前落步，两脚前掌碾地，上体右转，两膝微屈，同时，两爪随上体右转，右爪在腹前，左爪在身前上方。目视左爪。（图3–24）

2.右脚向身后插步成右交叉步，上体左拧向右倾，同时，左爪内旋、直臂下落经体左侧向后反撩抓至身后，高与胯平，爪心向上；右爪内旋、直臂伸于右上方，高过头，爪心向上。目视左方。（图3–25）

图 3–24

图 3–25

四、怀中抱月（右）

1.两脚前掌碾地，上体右转，两腿屈膝成半马步，同时，左爪随上体右转之势屈肘向上架至身左上方，爪心向左；右爪直臂向上、向右落至身右侧下方，高与胯平，爪心向右。目视左爪。（图3−26）

2.上体左转，左膝微屈，右腿在身前搓脚，同时，右爪外旋、肘略屈经体右侧向前、向上撩抓，高与头平，爪心向上；左爪屈肘向下按压至腹前，爪心向右。目视右爪。（图3−27）

图 3−26

图 3−27

五、凤凰展翅（右）

1.右脚在身前落地，两脚前掌碾地，上体左转，两膝微屈，同时，两爪随上体左转，左爪在腹前，右爪在身前上方。目视右爪。（图3–28）

2.左脚向身后插步成左交叉步，上体右拧，同时，右爪内旋、直臂下落经体右侧向后反撩抓至身后，高与胯平，爪心向上；左爪内旋、直臂伸于左上方，高过头，爪心向上。目视右方。（图3–29）

图 3–28

图 3–29

六、通天炮

1.上体右转，左脚顺势绕过右腿向左上步，两腿屈膝成马步，同时，左爪下落于腹前，再屈肘向上架至左侧上方，爪心向左；右爪回摆于腹前，再向左、向上、向右、向下落至右胯侧，爪变拳，拳心向后。目视左爪。（图3–30）

2.上体左转，左膝略屈，右腿向身前搓踢，同时，右拳直臂经体右侧向前、向上撩击，高与头平，拳心向左；左爪屈肘向下按压至腹前，爪心向下。目视右拳。（图3–31）

图 3–30

图 3–31

七、瞒面摘瓜

上体左转，右脚尖内扣在身右侧跺脚落步，两腿屈膝成马步，同时，右拳变爪内旋、直臂向右侧下方反撩抓，高与右膝平，爪心向右。目视右爪。（图3-32）

图 3-32

八、通天炮

1.左脚尖外展，两腿屈蹲成半马步，同时，左爪经身前屈肘向左上方架起，高与头平，爪心向左；右爪变拳屈肘仍置于右侧下方，拳心向后。目视左爪。（图3-33）

图 3-33

2.上体左转，左膝略屈，右腿向身前搓踢，同时，右拳直臂经体右侧向前、向上撩击，高与头平，拳心向左；左爪屈肘向下按压至腹前，爪心向下。目视右拳。（图3-34）

图 3-34

九、瞒面摘瓜

上体左转，右脚尖内扣在身右侧跺脚落步，两腿屈膝成马步，同时，右拳变爪内旋、直臂向右侧下方反撩抓，高与右膝平，爪心向后。目视右爪。（图3-35）

图 3-35

第三节　虎扑四门

一、右爪拍云

上体左转180度，右脚收于左脚内侧并步，屈膝蹲立，同时，左爪下划弧，爪至左胯旁，爪心向下；右臂经身前向左、向上、向右弧形摇膀，爪至右肩外侧，爪心向右。目视右爪。（图3–36）

图 3–36

二、饿虎扑食（右）

1.右脚前掌碾地，上体左转，左腿屈膝在身前提起，身体重心落于右腿，同时，右爪外旋，与左爪一起直臂随上体左转之势向上、向前举至头前上方，双爪心均向前。目视前方。（图3–37）

图 3–37

2.左脚向前落步，同时，左、右爪一起直臂向下扑抓，再向左、向后回带至身后，两爪心均向后；上体左拧。目视前下方。（图3–38）

3.右脚向前上步成右弓步，同时，右爪内旋与左爪外旋一起向上抡起向前、向下直臂扑抓至身前，高与胸平，两爪心均向前，上身前压。目视两爪。（图3–39）

图 3–38

图 3–39

三、饿虎扑食（左）

1.左脚前掌碾地，上体右转，右腿屈膝在身前提起，身体重心落于左腿，同时，右爪内旋与左爪外旋一起随上体右转之势直臂向上、向前举至头前上方，两爪心均向前。目视前方。（图3-40）

2.右脚向前落步，同时，左、右爪一起直臂向下扑抓，再向右、向后回带至身后，两爪心均向后；上体右拧。目视前下方。（图3-41）

3.左脚向前上步，成左弓步，同时，左爪外旋，与左爪内旋一起向上抡起向前、向下直臂扑抓至身前，高与胸平，两爪心均向下；上身前压。目视左爪。（图3-42）

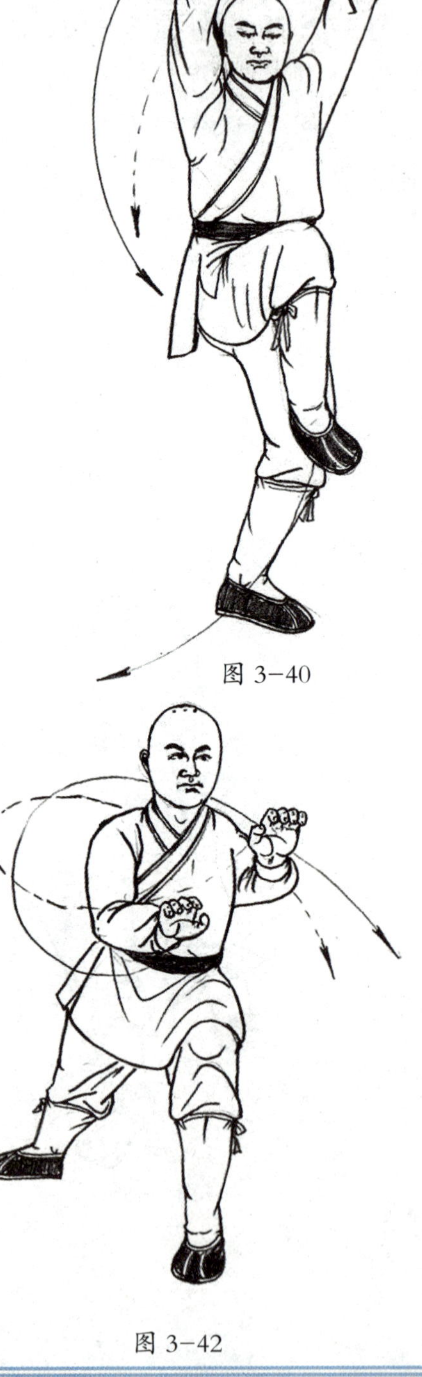
图 3-40

图 3-41

图 3-42

四、饿虎扑食（右）

1.上体右转，左脚向前上步，成左弓步，同时，右爪内旋与左爪外旋一起直臂由左向右平抡至身后，高与腰平，两爪心均向下。目视前方。（图3-43）

2.右脚向前上步，重心前移，同时，右爪外旋与左爪内旋一起向上抡起向前、向下直臂扑抓，再经体左侧回带至身后；在两爪回带时，上体左拧略后仰，重心移至左腿，两膝微屈，左爪外旋至身后，右爪内旋、屈肘至左胸前，两爪心均向右。目视前方。（图3-44）

图 3-43

图 3-44

3.右脚向前半步踩脚成右弓步，同时，左、右爪一起向上抡起向前、向下直臂扑抓至身前，高与腰平，两爪心均向下；上身前压。目视双爪。（图3-45）

图 3-45

五、封盖并用

1.两脚跟碾地，上体左转，重心前移，同时，右爪外旋与左爪内旋一起向上抡起向前、向下直臂扑抓，再经体左侧回带至身后；在两爪回带时，上体左拧略后仰，重心移至右腿，两膝微屈，左爪外旋至身后，右爪内旋、屈肘至左胸前，两爪心均向左。目视前方。（图3-46）

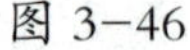

图 3-46

2.右脚向前弹踢，高不过裆，脚背绷紧，力达脚尖。目视右脚。（图3–47）

3.右脚在身前跺脚落地，成右弓步，同时，左、右爪一起直臂向上、向前、向下扑抓至身前，高与胸平，两爪心均向下；上身前压。目视前方。（图3–48）

图 3–47

图 3–48

六、猛虎回头

右脚向前上半步，左脚随即跟进半步，两膝略屈，同时，两爪一起屈肘回收经两腰侧，再外旋分别从左右侧向身前环抱，肘略屈，爪高与眉平，两爪心相对。目视两爪。（图3–49）

图 3–49

七、猛虎出山

右脚向前跨半步，左脚随即跟进半步，两腿屈膝成蹲步，上身前压，同时，两爪内旋、屈肘略回收再直臂向身前推抓，高与眉平，两爪心均向前。目视双爪。（图3–50）

图 3–50

第四节　豹蹿四门

一、右爪拍云

左脚跟落地，右脚收拢成并步，屈膝蹲立，同时，左爪下划弧至左胯旁，爪心向下；右臂经身前向左、向上、向右弧形摇膀，爪至右肩外侧，爪心向右。目视右爪。（图3-51）

二、豹头搂怀（右）

1.左脚向后退步，上体左转，两膝微屈，同时，左爪随上体左转之势屈肘向上、向左外格至左前方，高与眉平，爪心向前；右爪屈肘向下落于身后，高与胯平，爪心向下。目视左爪。（图3-52）

图 3-51

图 3-52

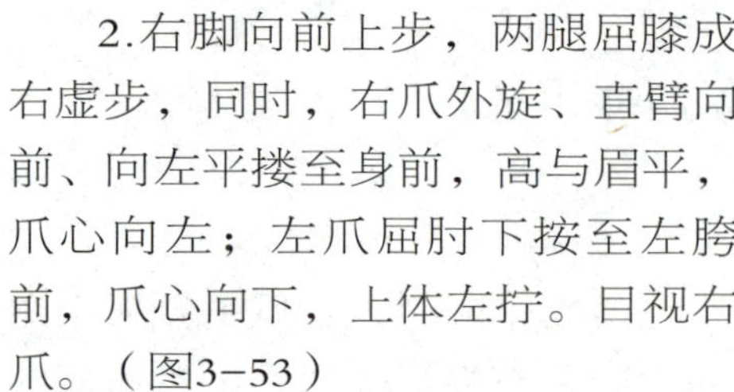

2.右脚向前上步，两腿屈膝成右虚步，同时，右爪外旋、直臂向前、向左平搂至身前，高与眉平，爪心向左；左爪屈肘下按至左胯前，爪心向下，上体左拧。目视右爪。（图3-53）

3.右爪屈肘、内旋向下按至右胯前，爪心向下，同时，左爪外旋、直臂向前、向右平搂至身前，高与眉平，爪心向右；上体右拧。目视左爪。（图3-54）

4.左爪屈肘、内旋向下按至左胯前，爪心向下，同时，右爪外旋、直臂向前、向左平搂至身前，高与眉平，爪心向左；上体左拧。目视右爪。（图3-55）

图 3-53

图 3-54

图 3-55

三、豹头搂怀（右）

1.两脚跟碾地，上体左转，两膝微屈，同时，左爪内旋、屈肘随上体左转之势向上、向左外格至左前方，高与眉平，爪心向前；右爪屈肘，内旋下落至右胯旁，爪心向下。目视左爪。（图3–56）

2.右脚向前上步，两腿屈膝成右虚步，同时，右爪外旋、直臂向前、向左平搂至身前，高与眉平，爪心向左；左爪屈肘下按至左胯前，爪心向下，上体左拧。目视右爪。（图3–57）

图 3–56

图 3–57

3.右爪屈肘、内旋向下按至右胯前，爪心向下，同时，左爪外旋、直臂向前、向右平搂至身前，高与眉平，爪心向右；上体右拧。目视左爪。（图3-58）

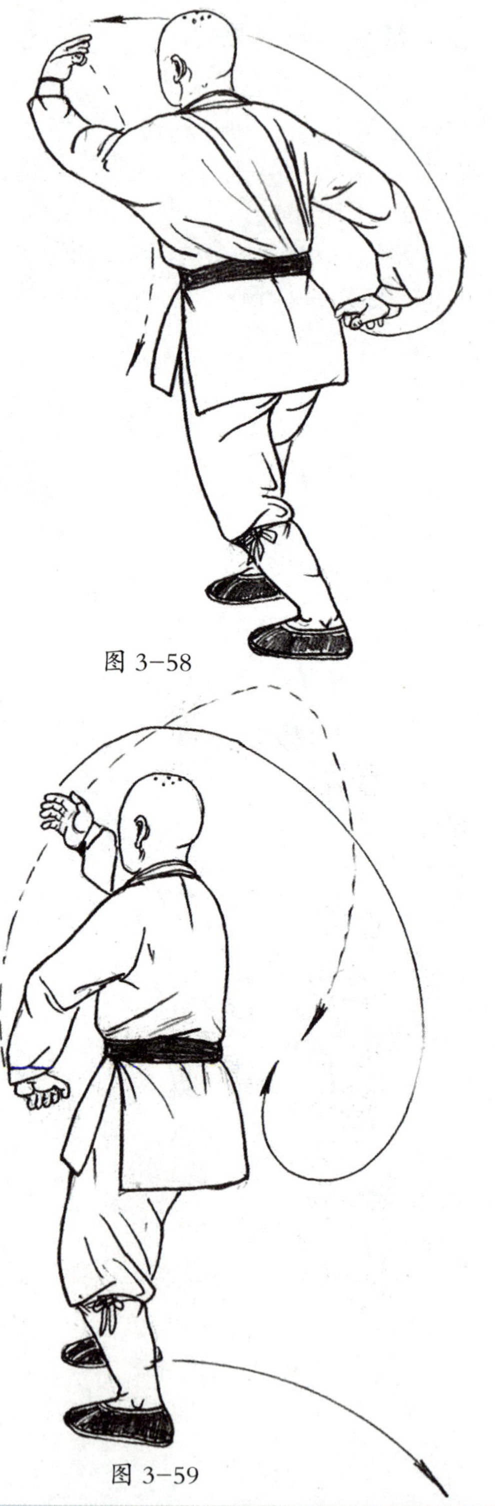

图 3-58

4.左爪屈肘、内旋向下按至左胯前，爪心向下，同时，右爪外旋、直臂向前、向左平搂至身前，高与眉平，爪心向左；上体左拧。目视右爪。（图3-59）

图 3-59

四、梅花云手

1.右脚向右侧横跨一步，上体右转，两膝略屈，同时，右爪内旋，直臂向上、向右、向下绕环，经右大腿外侧时再屈肘、外旋上提至腹前，爪心向上；左爪外旋、直臂向左、向上经头上方时再屈肘、内旋向下落至右小臂上，两臂交叉，爪心向右。目视右爪。（图3-60）

2.重心移至左腿，右腿屈膝在身前提起，身体重心落于左腿，上体略后仰，同时，左爪以肘关节为轴在身前向上、向左、向下绕环至右膝内侧，爪心向上；右爪也以肘关节为轴在身前向下、向右、向上绕环至头前方，爪心向前。目视前方。（图3-61）

图 3-60

图 3-61

3.右腿在身前落地成右弓步，同时，右爪向身前平直推抓，爪心向前；左爪内旋、屈肘按压至右肋前，爪心向右。目视右爪。（图3-62）

图 3-62

五、翻身抡盖

1.两脚跟碾地，上体左转，同时，左爪随上体左转之势直臂向上、向前抡至身前上方，爪心向前；右爪直臂下落于身后，爪心向下。目视左爪。（图3-63）

图 3-63

2.右脚向前上步，两膝微屈，同时，右爪外旋、直臂向上、向前、向下劈抓至身前，爪心向前；左爪屈肘回收至腹前，爪心向下。目视右爪。（图3-64）

3.上体左转，左腿从身后向右插步，两腿成交叉步，同时，右爪直臂、内旋向下，经身前向左、向上、向右以肩关节为轴绕环一周至身右侧，爪心向下。目视右爪。（图3-65）

图 3-64

图 3-65

4.两脚前掌碾地，上体左转，两膝微屈，同时，左爪随上体左转之势直臂向上、向左、向下抡至左侧方，爪心向前；右爪直臂摆至右侧方，爪心向下。目视左爪。（图3−66）

5.上体左转，右脚向前上步，屈膝半蹲，左脚随即离地屈膝，用踝关节前侧扣于右膝窝部，上体左拧，同时，右爪直臂向上、向下抡抓，高与肩平，爪心向下；左爪屈肘回收至左胸前，爪心向下。目视右爪。（图3−67）

图 3−66

图 3−67

第五节　蛇盘四门

一、左右拍云

1.左脚向前落步，上体右转90度，右脚向左脚内侧收拢并步，两腿屈膝略蹲，上体左拧，同时，左肘臂略屈，左爪内旋向上、向左弧形摇膀至左肩外侧处，爪心向左；右爪内旋，向下划弧落至右胯旁，爪心向下。目视左爪。（图3–68）

2.上体右拧，左爪继续向下划弧至左胯旁，爪心向下，同时，右臂经身前向左、向上、向右弧形摇膀，爪至右肩外侧，爪心向右。目视右爪。（图3–69）

图 3–68

图 3–69

二、白蛇吐信（右）

1.左脚向后退一步，上体左转，两腿屈膝成半马步，同时，左爪内旋、肘略屈向左搂至左膝外侧，爪心向左；右爪内旋伸至右侧，略高于肩，爪心向上。目视左爪。（图3-70）

2.上体左转，右脚向前上步，左脚随之跟进半步，两腿屈膝成蹲步，同时，左爪屈肘向上架至头上方，爪心向上；右爪内旋，屈肘经右腰侧向身前掏抓，高与右肩平，爪心向上；上身前探，重心移至右腿。目视右爪。（图3-71）

图 3-70

图 3-71

三、白蛇吐信（左）

1.重心后移至左腿，右脚向后退一步，两脚前掌碾地，上体右转，两腿屈膝成半马步，同时，右爪内旋、臂略屈随上体右转之势向右搂至右膝外侧，爪心向右；左爪直臂伸至左侧，略高于肩，爪心向上。目视右爪。（图3–72）

图 3–72

2.上体右转，左脚向前上步，右脚随之跟进半步，两腿屈膝成蹲步，同时，右爪屈肘向上架至头上方，爪心向上；左爪外旋、屈肘经左腰侧向身前掏抓，高于左肩平，爪心向上。上身前探，重心前移至左腿。目视左爪。（图3–73）

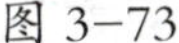

图 3–73

四、白蛇探首

1.左脚前掌碾地，膝略屈站立，上体右转略后仰身，右腿屈膝在身前提起，身体重心落于左腿。同时，左爪内旋，随上体右转之势屈肘向右平摆收至右肩前，爪心向右；右爪直臂贴身下落至裆前，再外旋于右大腿外侧，高与右膝平，爪心向前。目视前方。（图3-74）

2.右脚向身前落步，上身前压成右弓步。同时，左爪屈肘向前、向下按压至腹前，爪心向下；右爪屈肘上提、内旋于右胸前，再直臂向前扑抓至身前，爪心向下。目视右爪。（图3-75）

图 3-74

图 3-75

五、阴阳合抓

1.右脚向前半步踩脚，左脚随即跟进半步，脚尖着地，两腿屈膝成半蹲步，上体右拧。同时，左爪外旋，直臂向后、向上、向前绕环，至身上方时再屈肘、内旋向下按压于身前，略低于肩，爪心向下；右爪外旋，屈肘回收至右腰间，爪心向下。目视左爪。（图3-76）

图 3-76

2.身体重心落于右腿，左腿随即屈膝后提，用踝关节前侧部扣于右膝弯处，脚尖勾紧，上体左转。同时，右爪臂略屈，向身右上方托抓，高与头平，爪心向上；左爪屈肘下按至右肋外侧，爪心向右。目视右爪。（图3-77）

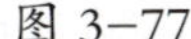

图 3-77

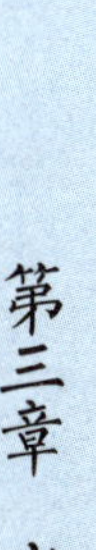

六、回头入洞

左脚向左落一大步，上体左转，右脚随即跟进半步，两腿屈膝成蹲步，同时，左爪内旋，直臂随上体左转之势向上、向前、向下抡盖，右爪也随之直臂向前、向下盖抓；在右爪盖抓时，左爪外旋，屈肘回收在胸前用爪心托住右爪前臂，右爪心向下；上身前压。目视前方。（图3-78）

图 3-78

七、抬头出洞

身体重心落于左腿，膝部略屈，右腿随即向前弹踢，高与腰平，力达脚尖，同时，右爪屈肘向上至头上方时扣腕，爪心向下；左爪内旋，直臂向身前平直推抓，爪心向前。目视左爪。（图3-79）

图 3-79

八、掏心抓

1.右腿在身前落步，重心后移至左腿，上体右拧后仰，两腿屈膝成右虚步。同时，左爪屈肘向上架至身前，高与头平，爪心向前；右爪向下落于右耳旁扣腕，爪心向下。目视左爪。（图3–80）

2.右脚向前跨半步跺脚成右弓步。同时，左爪屈肘回收至右肩前，肘下垂，爪心向下；右爪翻腕向身前直臂推抓，略低于肩，爪心向前。目视右爪。（图3–81）

图 3–80

图 3–81

九、劈面抓

1.右脚向后退半步，重心后移至左腿，上体左拧，两腿屈膝成右虚步。同时，左爪臂略屈向前、向下按压至身前下方，爪心向下；右爪屈肘回收至右耳旁扣腕，爪心向下。目视左爪。（图3-82）

2.右脚向前跨半步跺脚成右弓步。同时，左爪屈肘回收至右肩腋下外侧，爪心向右；右爪翻腕向身前直臂推抓，高与头平，爪心向前。目视右爪。（图3-83）

图 3-82

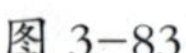

图 3-83

十、扑胸抓

1.右脚向后收半步，重心后移至左腿，上体右拧略后仰，两腿屈膝成右虚步。同时，左爪臂略屈向上架至身前，高与头平，爪心向前；右爪屈肘回收至右耳旁扣腕，爪心向下。目视左爪。（图3-84）

2.右脚向前跨半步跺脚成右弓步。同时，左爪屈肘回收至右肩前，肘下垂，爪心向右；右爪翻腕向身前平直推抓，爪心向前。目视右爪。（图3-85）

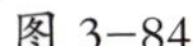

图 3-84

图 3-85

十一、蛇盘架

左脚向后退半步，右脚回带半步，上体左转，两腿屈膝成半马步。同时，左爪屈肘向下按压至右肋外侧，爪心向右；右爪臂略屈上提至右上方扣腕，略高于头，爪心向右。目视右爪。（图3-86）

图 3-86

第六节　鹤立四门

一、右爪拍云

右脚向左脚后跟处退步，上体右转180度，两脚并步，屈膝蹲立。同时，右爪随转身向上、向右划弧，爪至右肩外侧，爪心向右；左爪按于左胯侧，爪心向下。目视右爪。（图3－87）

二、入洞捉蛇

1. 左脚向身后退一步，两脚跟碾地，上体左转，两腿屈膝成半马步。同时，左爪随上体左转之势屈肘向左下方平搂至左膝外侧，爪心向前；右爪直臂向左平摆至身右侧，高与头平，爪心向后。目视前方。（图3－88）

图 3－87

图 3－88

2. 上体左转，右脚向前上步，成右弓步，上身前压。同时，左爪屈肘向上架至头前上方，爪心向上；右爪略屈肘、外旋向下经体右侧向身前撩抓，高与腰平，爪心向上。目视前方。（图 3–89）

图 3–89

三、绞翅进拐

1. 上体左转，重心移至左腿，右脚回收至左腿内侧，脚尖着地。同时，左、右爪一起直臂向上、向左、向下绕环，左爪至身左侧，高与肩平，右爪屈肘至左胸外侧，两爪心均向左。目视左爪。（图 3–90）

2. 右脚向右侧上步，左脚跟着向右拖步，两腿屈膝成马步。同时，右爪变拳，屈肘臂夹紧使肘尖向右身右侧平直顶出，拳心向下；左爪屈肘，爪心紧贴右拳面一起向右推出。目视前方。（图 3–91）

图 3–90

图 3–91

四、回头啄食

左脚向左侧上步，右脚跟着向左拖步，两腿屈膝成马步。同时，左爪变拳，屈肘臂夹紧使肘尖向左、向身左侧平直顶出，拳心向下；右拳变爪，爪心紧贴左拳面一起向左推出。目视左肘尖。（图3–92）

图 3–92

五、摇翅偷拐

1.左脚跟碾地，上体右转，右腿屈膝在身前提起，身体重心落于左腿。同时，右爪随上体右转之势外旋、屈肘向上摆至头前上方，爪心向后；左拳变爪，屈肘向下按压至腹前，爪心向下。目视右爪。（图3–93）

图 3–93

2.右脚在身前跺脚落步，上体右转，两腿成交叉步。同时，左、右爪屈肘臂夹紧，使左、右肘尖向身后两侧一起顶出，右肘低于肩，右爪心向下；左肘高于肩，左爪心向下。目视右肘尖。（图3-94）

图 3-94

六、白鹤吞食

左脚向右脚略收步，两腿屈膝下蹲成歇步；上体右拧。同时，左爪外旋，直臂向身右侧下方掏抓，高与腰平，爪心向上。右爪顺势提起，高与肩平，爪心向下。目视右方。（图3-95）

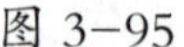

图 3-95

七、怀中献拐

1.左脚向左侧上步，同时，左爪内旋、直臂向上、向左、向下盖抓至身左侧，爪心向下。右爪不动。目视左爪。（图3–96）

2.右脚向前上步，上体左转，两腿屈膝成马步。同时，右爪屈肘臂夹紧，使肘尖向上、向前、向下压至身右侧下方，高与腰平；在右肘尖下压时，左爪外旋，屈肘回收握住右爪腕部，爪心向上。上体左拧。目视右肘尖。（图3–97）

图 3–96

图 3–97

八、白鹤亮翅

1. 上体右转，左腿屈膝在身前提起，身体重心落于右腿。同时，左爪直臂向身前推抓，高与头平，爪心向前；右爪屈肘收至左肋前，爪心向左。目视左爪。（图3–98）

图 3–98

2. 左腿下落，右脚蹬地跳起，屈膝提于身前，上体左转。同时，右爪直臂向身右侧推抓，高与头平；左爪屈肘回收至右肋外侧，两爪心均向右。目视右爪。（图3–99）

图 3–99

第七节 猴闪四门

一、右爪拍云

左脚落地，上体右转 90 度，右脚落于左脚内侧，并步屈膝蹲立。同时，左爪下落至左胯旁，爪心向下；右爪随转身向右侧弧形划至右肩外侧，爪心向右。目视右爪。（图 3–100）

二、抹面偷桃（右）

1. 左脚向后退步，上体左转，两膝微屈。同时，左爪随上体左转之势屈肘向上架至身前，高过肩，爪心向前；右爪屈肘向下落于身后，高与胯平，爪心向下。目视左爪。（图 3–101）

图 3–100

图 3–101

2. 右脚向前上步，同时，右爪外旋，直臂经体右侧向前、向上撩抓至身前，高与头平，爪心向上；左爪屈肘向下按压至腹前，爪心向下。目视右爪。（图3-102）

3. 上体左转，左脚从身后向右插步，两腿屈膝成右歇步。同时，右爪内旋，直臂向右下方反撩抓，低于肩，爪心向上；左爪屈肘向左平拉至左胸前，爪心向后。目视右爪。（图3-103）

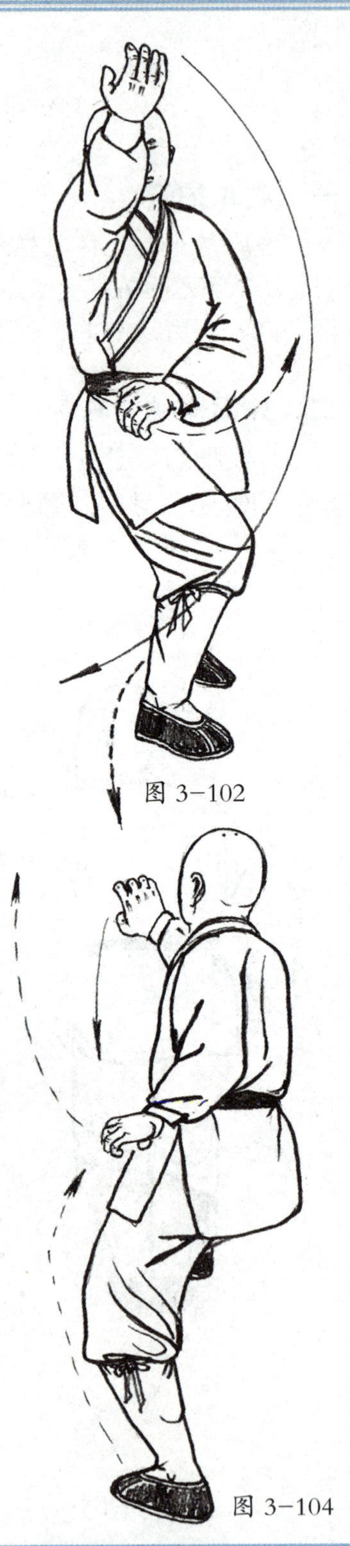

图 3-102

图 3-104

三、抹面偷桃（左）

1. 右脚绕过左腿后，向左侧落步，上体右转，两膝微屈。同时，右爪屈肘回收经体前向上架至身前，高与肩平，爪心向前；左爪屈肘下落至左胯旁，爪心向下。目视右爪。（图 3-104）

图 3-103

2. 左脚向前上步，同时，左爪外旋、直臂经体左侧向前、向上撩抓至身前，高与头平，爪心向上；右爪屈肘向下按至腹前，爪心向左。目视左爪。（图3−105）

3. 上体右转，右脚从身后向左插步，两腿屈膝成左歇步。同时，左爪内旋、直臂向左下方反撩抓，低于肩，爪心向后；右爪屈肘向右平拉至右胸前，爪心向下。目视左爪。（图3−106）

图3−105

图3−106

四、猿猴争果

1. 上体右转约 270 度，右脚向右上步，成右弓步。同时，右爪直臂随上体右转之势向右、向后平摆至身前，高与肩平，爪心向右；左爪屈肘收于左胯旁，爪心向下。目视右爪。（图 3-107）

2. 左脚向前跃步落地，同时，左爪平直向前推抓，右爪外旋、屈肘回收至右胸前，两爪心均向前。目视左爪。（图 3-108）

图 3-107

图 3-108

3. 右脚向左脚后跟进半步，两腿屈膝成蹲步。同时，右爪平直向身前推抓，左爪屈肘回收至右肩前，两爪心均向前。目视右爪。（图3-109）

图 3-109

五、猿猴倒挂

1.左脚前掌碾地，上体右转，右腿屈膝在身前提起，身体重心落于左腿，脚前掌点地。同时，右爪内旋、屈肘向上随上体右转摆至右上方，高过头，爪心向前；左爪下落至身左侧，高与胯平，爪心向下。目视右爪。（图3-110）

图 3-110

2. 左脚蹬地跳起，上体右转，右脚落地，左脚随之在右脚内侧落步，脚尖着地，两腿屈膝成左丁步。同时，左爪直臂、外旋随上体右转之势向上、向前、向下、向后反撩抓，高与腰平，爪心向上；右爪在身前以肘关节为轴顺时针方向绕环一周反抓至右肩外侧，爪心向后。目视左方。（图 3–111）

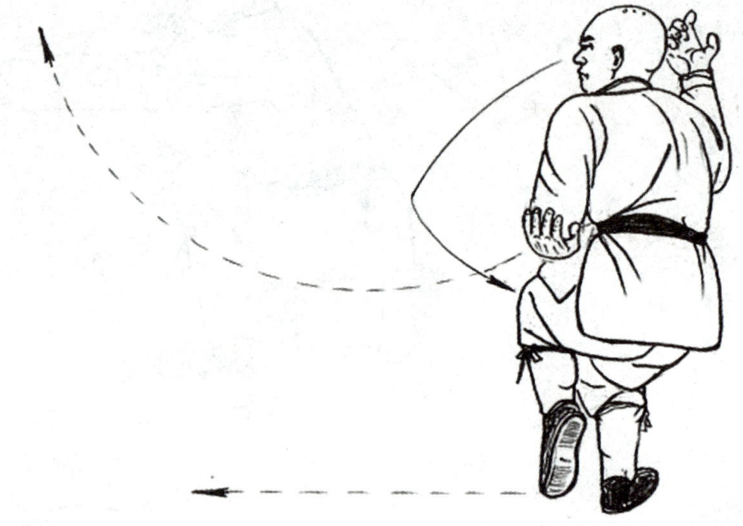

图 3–111

六、猿猴献果

左脚向左上步，上体左转，成左弓步。同时，左爪屈肘、外旋向上、向左托抓，高与眼平，爪心向上；右爪内旋，屈肘下按至身后，高与右胯平，爪心向下。目视左爪。（图3–112）

图 3–112

七、寸坐势

上体右转，左脚向右脚后跟进半步，两腿屈膝成蹲步。同时，左爪屈肘向前、向下经体左侧直臂、内旋向后反撩抓，高与腰平，爪心向上；右爪屈肘、外旋向上、向右托抓，高与头平，爪心向上。目视左爪。（图 3–113）

图 3–113

八、猿猴倒挂（右）

1.右脚前掌碾地，上体左转面向西，左腿屈膝在身前提起，身体重心落于右腿。同时，左爪屈肘向上经身前随上体左转之势内旋向左外摆至左上方，高与头平，爪心向前；右爪内旋下落于身后，高与右胯平，爪心向上。目视左爪。（图3–114）

图 3–114

2. 右脚蹬地跳起，上体左转，左脚落地，右脚随之在左脚内侧落步，脚尖着地，两腿屈膝成右丁步。同时，右爪外旋、直臂随上体左转之势向上、向前、向下、向后反撩抓，高与腰平，爪心向上；左爪在身前以肘关节为轴逆时针方向绕环一周反抓至左肩外侧，爪心向后。目视右方。（图 3−115）

图 3−115

九、拨云摘月

右脚向右跨一步跺脚，成右弓步，上体右转。同时，左爪内旋、屈肘向前、向下按压至腹前，爪心向下；右爪屈肘上提，从左臂内向前下方直臂反抓出，高与肩平，爪心向前，上身前压。目视右爪。（图3−116）

图 3−116

第八节 马奔四门

一、右爪拍云

左脚向右脚内侧收拢，并步屈膝蹲立，上体右拧。同时，左爪下按至左胯旁，爪心向下；右臂经身前向左、向上、向右弧形摇膀，爪至右肩外侧，爪心向右。目视右爪。（图3–117）

二、野马奔蹄（右）

1. 左脚向身后退一步，两脚跟碾地，上体左转，两膝微屈。同时，左爪随上体左转之势屈肘向上架至身前，高与眉平，爪心向左；右爪屈肘向下落于身后，高与右胯平，爪心向下。目视前方。（图 3–118）

图 3–117

图 3–118

2. 左腿略屈，右脚向前搓踢。同时，右爪外旋、直臂向下经体右侧向前、向上撩抓至身前，高与头平，爪心向上；左爪屈肘向下按压至腹前，爪心向下。目视右爪。（图 3-119）

3. 左脚前掌碾地，上体左转，右腿在身前屈膝，屈踝里缠向右侧踹出，高与腰平；上身略向左侧倾。同时，右爪屈肘、内旋向右侧平直推抓，爪心向右；左爪屈肘、内旋向左侧平直推抓，爪心向左。目视右爪。（图 3-120）

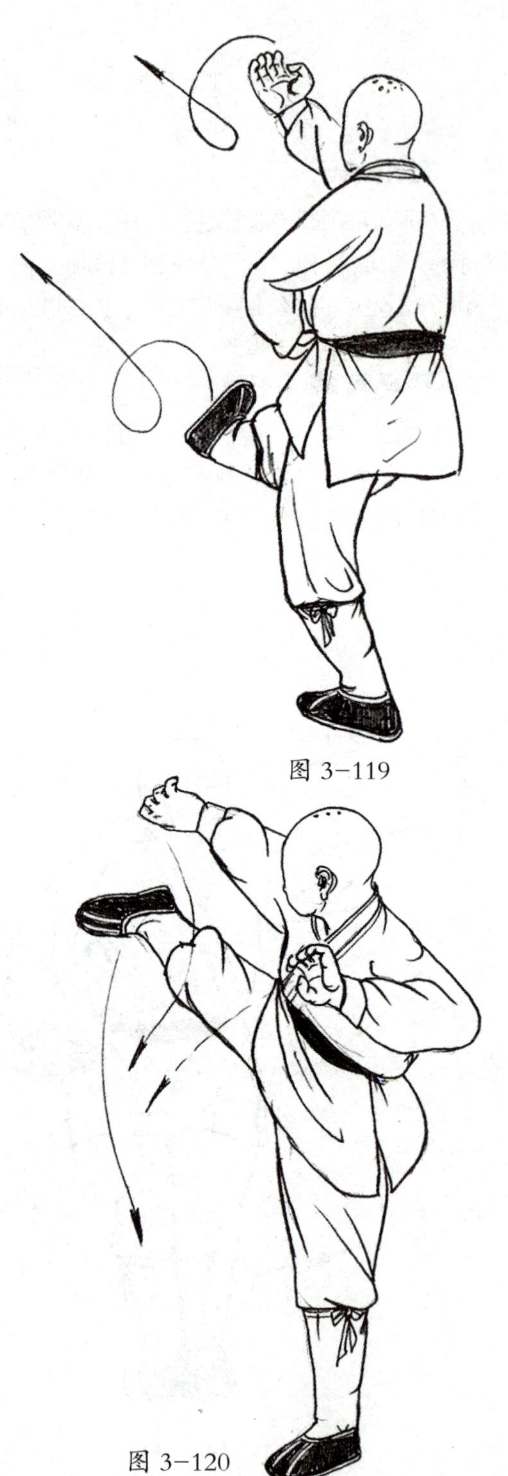

图 3-119

图 3-120

三、野马卧槽（左）

右脚在身前落步，上体右转前压，成右弓步。同时，左爪直臂向身前下按抓，高与右膝平，爪心向下；右爪屈肘回收至左肋前，爪心向左。目视前方。（图 3-121）

图 3-121

四、野马奔蹄（左）

1. 右脚向身后退一步，上体右转，两膝微屈。同时，右爪随上体右转之势屈肘向上架至身前，高与眉平，爪心向前；左爪屈肘向下落于身后，高与左胯平，爪心向下。目视右爪。（图 3-122）

2. 右腿略屈，左脚向前搓踢。同时，左爪外旋、直臂向下经体左侧向前、向上撩抓至身前，高与头平，爪心向上；右爪屈肘向下按压至腹前，爪心向下。目视左爪。（图 3-123）

图 3-122

图 3-123

3. 右脚前掌碾地，上体右转，左腿在身前屈膝、屈踝里缠向左侧踹出，高与腰平，上身略向右侧倾。同时，左爪屈肘、内旋向左侧平直推抓，爪心向左。右爪顺势提起，爪心向里。目视左爪。（图 3–124）

图 3–124

五、野马卧槽（右）

左脚在身前落步，上体左转前压，成左弓步。同时，右爪直臂向身前下按抓，高与左膝平，爪心向下；左爪屈肘回收至右肋前，爪心向下。目视前下。（图 3–125）

图 3–125

六、立马看道

1. 上体右转，左脚向左侧上步成半马步。同时，右爪随上体右转之势直臂向上、向后、向下落于身右下方，高与胯平，爪心向下；左爪屈肘向上架至身左上方，高与眉平，爪心向左。目视左爪。（图 3-126）

2. 上体左转，左膝略屈，右脚向前搓踢。右爪外旋、直臂向下经体右侧向前、向上撩抓至身前，爪心向上；左爪屈肘向下按压至腹前，爪心向下。目视右爪。（图3-127）

图 3-126

图 3-127

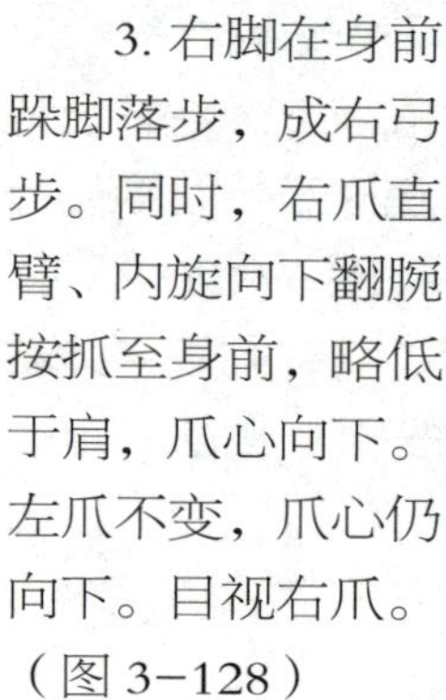

3. 右脚在身前跺脚落步，成右弓步。同时，右爪直臂、内旋向下翻腕按抓至身前，略低于肩，爪心向下。左爪不变，爪心仍向下。目视右爪。（图 3–128）

图 3–128

七、野马奔蹄（右）

1.两脚跟碾地，上体左转，两腿屈膝成半马步。同时，左爪屈肘经身前向左、向上架至身左上方，高与眉平，爪心向前。右爪顺势下沉，挺腕。目视左爪。（图3–129）

图 3–129

2. 上体左转，左膝略屈，右脚向前搓踢。同时，右爪外旋、直臂向下经体右侧向前、向上撩抓至身前，高于头，爪心向上；左爪屈肘向下按压至腹前，爪心向下。目视右爪。（图3−130）

3. 左脚前掌碾地，上体左转，右腿在身前屈膝、屈踝里缠向右侧踹出，高与腰平，上体略向左侧倾。同时，右爪屈肘、内旋向右侧平直推抓，爪心向右。左爪顺势提起，爪心向里。目视右爪。（图3−131）

图 3−130

图 3−131

八、惊马回首

1. 右脚在身右侧下落，脚前掌着地，上体左转，两腿屈膝成半蹲步。同时，右爪直臂下落于身后，爪心向下；左爪屈肘、外旋向上翻腕至身前，高与头平，爪心向上。目视右方。（图 3–132）

2.右脚全掌着地，重心移至右腿，左腿向后、向上挑起，高与腰平。同时，左爪内旋、直臂向下经体左侧向后、向上反撩抓，高与肩平，爪心向左；右爪外旋、屈肘向下经体右侧向前、向上托抓至身前，高与头平，爪心向左，上身前压。（图3–133）

图 3–132

图 3–133

九、野马闯槽

左脚在身后落地，两脚跟碾地，上体左转，左脚随即向右腿跟进半步，两腿屈膝成蹲步。同时，左爪屈肘、外旋向上、向左翻腕至身前，高与胸平，爪心向上；右爪直臂向前、向下盖抓至身前，爪心向下；在右爪盖抓时，左爪心托住右前臂下方。目视右爪。（图 3–134）

图 3–134

第九节　鹰捉四门

一、右爪拍云

右足跟落地，上体右拧，左脚向右脚内侧收步，并步屈膝蹲立。同时，左爪下按至左胯旁，爪心向下；右臂经身前向上、向右弧形摇膀，爪至右肩外侧，爪心向右。目视右爪。（图3-135）

图 3-135

二、鹞鹰闪身

1.左脚向身后退一步，上体左转，两腿屈膝成半马步。同时，左爪随上体左转之势屈肘向左下平搂至左膝外侧，爪心向后；右爪屈肘向左摆至身右侧，高与头平，爪心向右。目视左方。（图3-136）

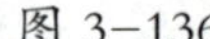

图 3-136

2.上体左转，右腿顺势绕过左腿向前上步，脚尖着地，两腿屈膝成右虚步。同时，右爪随上体左转之势外旋、直臂向下经体右侧向前、向上撩抓至身右侧上方，爪心向后；左爪屈肘向左平摆至左胯旁，爪心向下。目视右爪。（图3-137）

图 3-137

三、绞翅斜飞（右）

左脚从身后向右侧插步，两腿屈膝下蹲成歇步，上体右拧。同时，右爪内旋、直臂向左、向下经身前向右下方反撩抓，高与肩平，爪心向上。左爪向左上方反撩抓，爪心向上，虎口向后。目视右爪。（图3-138）

四、鹞鹰闪身（左）

1.右脚绕过左腿从身后向左侧插步，上体右转，两腿屈膝成半马步。同时，右爪随上体右转之势屈肘向右下平搂至右膝外侧，爪心向下；左爪屈肘向右平摆至身左侧，高与头平，爪心向后。目视右爪。（图3-139）

图 3-138

图 3-139

2.上体右转，左脚顺势绕过右腿向前上步，脚尖着地，两腿屈膝成左虚步。同时，左爪随上体右转之势外旋、直臂向下经体左侧向前、向上撩抓至身左侧上方，爪心向后；右爪屈肘向右平摆至右胯旁，爪心向下。目视左爪。（图3-140）

五、绞翅斜飞

右脚从身后向左侧插步，两腿屈膝下蹲成歇步，上体左拧。同时，左爪内旋、直臂向右、向下经身前向左下方反撩抓，高与腰平，爪心向上。右爪顺势提起，高与肩平，爪心向下。目视左爪。（图3-141）

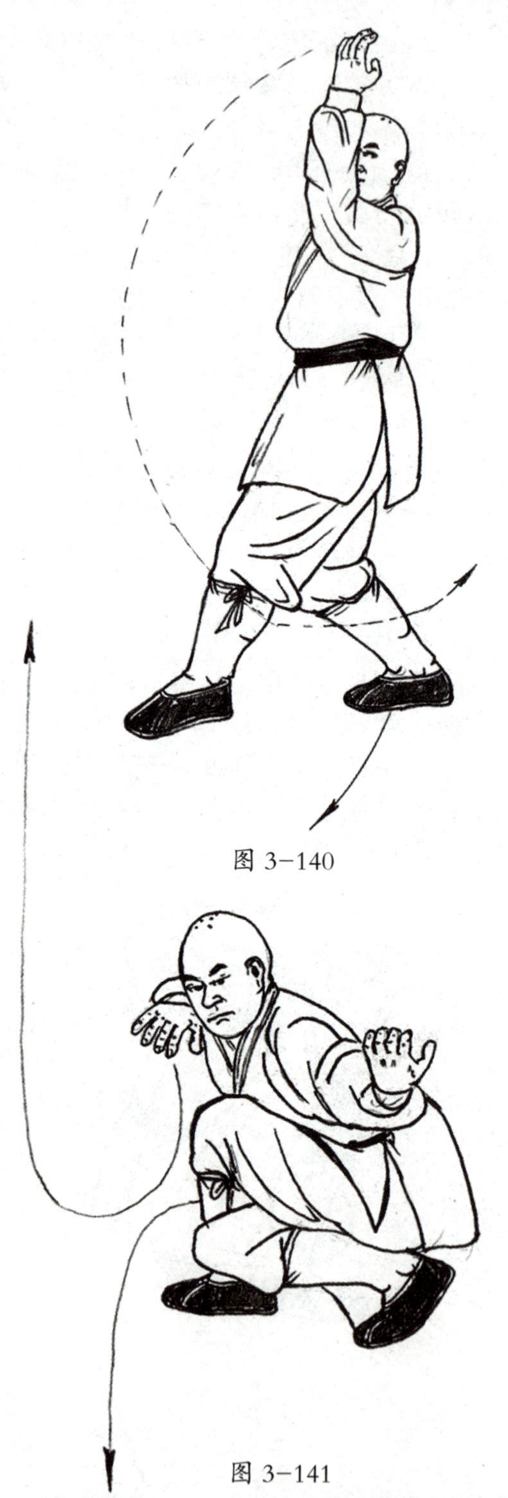

图 3-140

图 3-141

六、鹞鹰闪身（右）

右脚绕过左腿从身前向左侧上步，脚尖着地，上体左转，两腿屈膝成右虚步。同时，右爪外旋、直臂随上体左转之势向下经体右侧向上、向前撩抓至身右侧上方，爪心向后；左爪屈肘向左平摆至左胯旁，爪心向下。目视右爪。（图3-142）

图 3-142

七、鹞鹰扑翅

右脚向右跨步，两腿屈膝成马步。同时，右爪内旋、直臂向右、向下扑抓至身右侧下方，高与腰平，爪心向下；左爪屈肘向右下按压至右肋外侧，爪心向下。目视右爪。（图3-143）

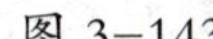

图 3-143

八、鹞鹰闪身（右）

上体左转，右脚绕过左腿向前上步，两腿屈膝成右虚步。同时，右爪随上体左转之势外旋、直臂向下经体右侧向前、向上撩抓至身右侧上方，爪心向后，虎口向外；左爪屈肘向左平摆至左胯旁，爪心向下。目视右爪。（图3-144）

图 3-144

九、鹞鹰掳食

上体右转，右腿屈膝在身前提起，身体重心落于左腿。同时，左爪外旋与右爪内旋一起屈肘向前、向右、向后掳带至身右侧后，两爪心皆向下。目视左爪。（图3-145）

图 3-145

十、鹞鹰叼兔

左脚蹬地，右脚向前跨步落地，左脚随即跟进半步，脚前掌着地，两腿屈膝成蹲步。同时，左爪内旋、屈肘向前、向下按压至胸前，爪心向下；右爪直臂向前下扑抓至身前，略低于肩，爪心向下。目视右爪。（图3-146）

图 3-146

第十节　兔脱四门

一、右爪拍云

右足跟落地，上体右拧，左脚向右脚内侧收拢，并步屈膝蹲立。同时，左爪下按至左胯旁，爪心向下；右爪经身前向上、向右弧形摇膀，爪至右肩外侧，爪心向右。目视右爪。（图3–147）

二、绞膀撩阴（右）

1.左脚向身右后方退步，两脚跟碾地，上体左转，两腿屈膝成马步。同时，左爪随上体左转之势屈肘向上架至身前方，高与头平，爪心向下；右爪直臂向左落于身后，高与胯平，爪心向下。目视左爪。（图3–148）

2.右脚向前上步，两腿交叉屈膝半蹲。同时，右爪直臂向下经体右侧向前、向上撩抓至身前，高与肩平，爪心向上；左爪屈肘向下按压至腹

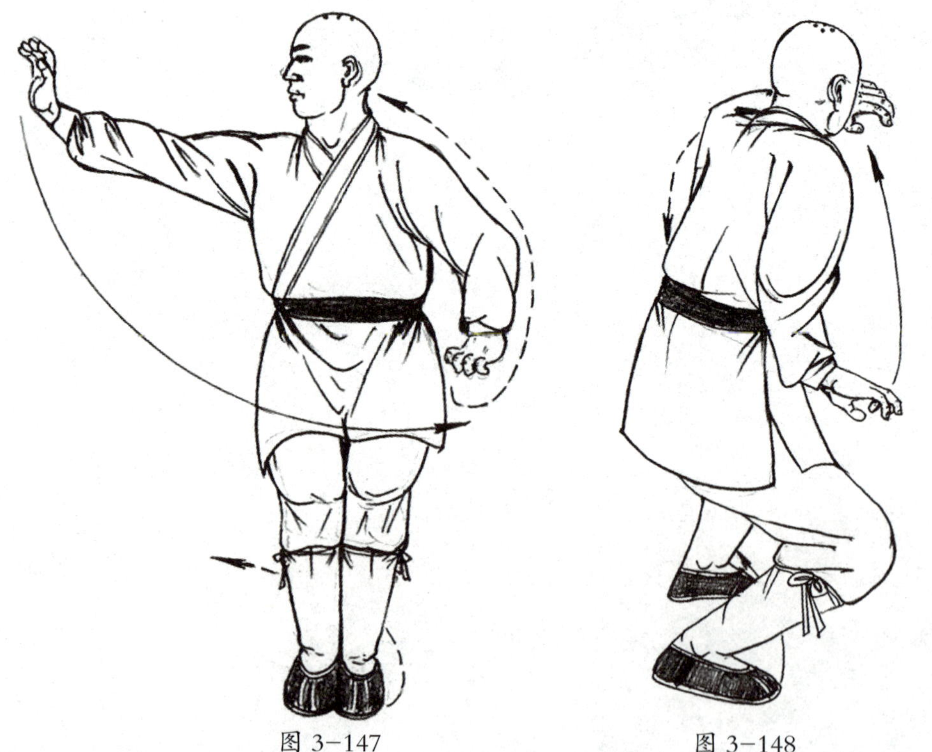

图 3–147　　图 3–148

前，爪心向下。目视右爪。（图3-149）

3.左脚向前上步，右脚随即向左脚跟进半步，脚前掌着地，两腿屈膝成半蹲步。同时，左爪屈肘向上架至头前上方，爪心向上；右爪内旋、直臂向后、向下、再屈肘经右腰侧向前推抓至腹前，爪心向前。目视右爪。（图3-150）

图 3-149

三、绞膀撩阴（左）

1.两脚跟碾地，上体右转，左脚向前上步，两腿成交叉屈膝半蹲。同时，左爪随上体右转之势外旋、直臂向下经体左侧向前、向上撩抓至身前，高与头平，爪心向右；右爪屈肘向右平摆至腹前，爪心向下。目视左爪。（图3-151）

图 3-150

图 3-151

2.右脚向前上步，左脚随即向右脚跟进半步，脚前掌着地，两腿屈膝成半蹲步。同时，右爪屈肘向上架至头前上方，爪心向上；左爪内旋、直臂向后、向下再屈肘经左腰侧向前推抓至腹前，爪心向前。目视左爪。（图3-152）

图 3-152

四、野兔钻林

1.右脚前掌碾地，上体左转，左腿屈膝在身前提起，身体重心落于右腿。同时，左爪内旋、右爪外旋一起随上体左转之势屈肘向上、向前、向左下方劈抓至身左侧，右爪在前，爪心向上；左爪在后，爪心向后；上体左拧。目视左爪。（图3-153）

图 3-153

2.左脚向前落地直立，右腿屈膝在身前提起。同时，左爪外旋、右爪内旋一起屈肘向上抡起向前、向右下方劈抓至身右侧，左爪在前，爪心向上；右爪在后，爪心向下。上体右拧。目视前方。（图3-154）

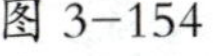

图 3-154

五、搂身抱怀

右脚向身前落步跺脚，成右弓步。同时，左爪内旋、屈肘向下按压至腹前，爪心向下；右爪外旋、直臂向前、向右平搂抓至身前，高与头平，爪心向上。目视右爪。（图3-155）

图 3-155

六、阴阳反肘

两脚跟碾地，上体左转，左脚向后回拖半步，两腿屈膝成左虚步。同时，右爪随上体左转之势直臂向下经体右侧向前、向上撩抓于身前方，再屈肘向后回收至右肩上方，肘尖向前，爪心向上；左爪屈肘向身前方上架再下按至腹前，爪心向下。目视右肘尖。（图3−156）

图 3−156

七、野兔穿洞

左脚跟与右脚前掌一起碾地，上体左转，右腿向右侧方踹出，高与腰平，身体重心落于左腿。同时，右爪内旋、直臂向右侧推抓，高与肩平，爪心向右；左爪屈肘向左回拉至左胸前，爪心向下。上身左侧倾。目视右爪。（图3−157）

图 3−157

八、惊兔撒膀

右脚在右侧落地跺脚，上体右转，成右弓步。同时，右爪直臂向下经身前向上抡起向前、向下盖抓至身前，高与肩平，爪心向下；左爪屈肘向下按压至腹前，爪心向下。目视右爪。（图3-158）

图 3-158

第十一节　燕抄四门

一、右爪拍云

右脚尖内扣，左脚向右脚内侧收拢，并步屈膝蹲立，上体左拧。同时，左爪下按至左胯旁，爪心向下；右爪经身前向左、向上、向右弧形摇膀，爪至右肩外侧，爪心向右。目视右爪。（图3-159）

二、燕子抄水（右）

1.右脚跟碾地，上体左转，左腿屈膝在身前提起，身体重心落于右腿。同时，左爪随上体左转之势屈肘向上、向左外格至面前左侧，高与眉平，爪心向前；右爪直臂向左下落至身后，高与胯平，爪心向下。目视左爪。（图3-160）

图 3-159

图 3-160

2.右脚蹬地跳起，左脚落地，上体左转，左腿屈膝下蹲，右腿向右侧伸直落步成右仆步。同时，右爪外旋、直臂随上体左转之势向上于头前上方，再屈肘向下经胸前内旋向右下方反撩抓，略低于肩、爪心向上；左爪屈肘向左回带至左胸外侧，爪心向下。目视右爪。（图3-161）

图 3-161

三、燕子抄水（左）

1.左脚前掌碾地直立，上体右转，右腿屈膝在身前提起。同时，右爪随上体右转之势屈肘向上、向右外格至面前右侧，高与眉齐，爪心向前；左爪屈肘向右下落至身后，高与胯平，爪心向下。目视右爪。（图3-162）

图 3-162

2.左脚蹬地跳起，右脚落地，上体右转，右腿屈膝下蹲，左腿向左侧伸直落步成左仆步。同时，左爪外旋、直臂随上体右转之势向上于头前上方，再屈肘向下经胸前内旋向左下方反撩抓，略低于肩，爪心向上；右爪屈肘向右回带至右胸外侧，爪心向下。目视左爪。（图3-163）

图 3-163

四、燕子抛剪

1.右脚向前上步，成右弓步。同时，左爪屈肘向右经身前向上架至头上方，爪心向上；右爪直臂向身前平直推抓，爪心向前。目视右爪。（图3-164）

图 3-164

2.上体左转，左脚从身后向右侧插步，两腿成交叉步。同时，右爪内旋与左爪一起直臂向下经身前向左、向上抡起向右、向下盖抓，右爪至身右侧，略低于肩；左爪屈肘至右肋旁，两爪心均向下。目视右爪。（图3–165）

图 3–165

五、燕子斜飞

1.左脚向左侧上步，上体左转，两腿成交叉步。同时，左爪内旋与右爪外旋一起直臂向上抡起向前、向左下劈抓，右爪至左胯旁，爪心向前；左爪至身左侧下方，爪心向后。目视左方。（图3–166）

图 3–166

2.右脚向右侧上步，上体右转，成右弓步。同时，左、右爪一起直臂向前、向上挑至身前上方，右爪高过头，爪心向上；左爪肘部微屈与胸平，爪心向右。目视右爪。（图3–167）

图 3–167

六、燕子衔泥

1.左脚向前踏步，右腿随即屈膝抬起，直腿向身前踩踢。同时，左、右爪一起直臂向下、向左后劈抓至身左后侧方，右爪心向上，左爪心向下。目视右脚。（图3–168）

图 3–168

2.右脚在身前落地，左脚向右脚跟进半步，两腿屈膝成半蹲步。同时，左、右爪一起直臂向前、向上挑至身前上方，右爪高过头，爪心向上；左爪肘部微屈与胸平，爪心向右。目视右爪。（图3-169）

图 3-169

第十二节　鸡蹬四门

一、右爪拍云

上体左拧，左脚向右脚内侧收拢，并步屈膝蹲立。同时，左爪下按至左胯旁，爪心向下；右爪下按至右肩外侧与肩同高，爪心向右。目视右爪。（图 3–170）

二、锦鸡扑食（右）

1. 右脚跟碾地，上体左转，左腿屈膝在身前提起，身体重心落于右腿。同时，左爪随上体左转之势屈肘向上、向左外格至左肩前，高与肩平，爪心向前；右爪直臂向左下落至身后，爪心向下。目视左爪。（图 3–171）

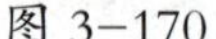

图 3–170

图 3–171

2.右脚蹬地跳起，左脚落地，上体左转，右脚向右侧落地，两腿屈膝成半马步。同时，右爪外旋随上体左转之势直臂向上、向右下扑抓至身右侧，右肘略屈，高与肩平，爪心向前；左爪屈肘向下按压至腹前，爪心向下。目视右爪。（图3-172）

三、锦鸡扑食（左）

1. 左脚跟碾地，上体右转，右腿屈膝在身前提起，身体重心落于左腿。同时，右爪随上体右转之势屈肘向右外格至面前右侧，高与眉平，爪心向前；左爪直臂向右下落至身后，爪心向下。目视前方。（图 3-173）

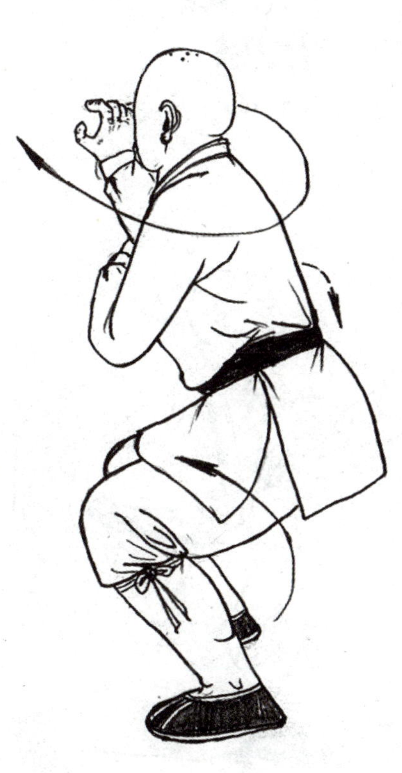

图 3-172

图 3-173

2. 左脚蹬地跳起，右脚落地，上体右转，左脚向左侧落地，两腿屈膝成半马步。同时，左爪外旋随上体右转之势直臂向上、向右下扑抓至身左侧，左肘略屈，高与头平，爪心向前；右爪屈肘向下按压至腹前，爪心向下。目视左爪。（图 3-174）

图 3-174

四、金鸡抖翎

1.右脚向前上步，左脚随即向右脚跟进半步，脚前掌着地，两腿屈膝成蹲步。同时，右爪外旋、屈肘向前、向上托抓至身前，高与眉平，爪心向上；左爪屈肘向下按压至左胯旁，爪心向下。目视右爪。（图3-175）

图 3-175

2. 重心移至左腿，右脚向身前弹踢出，高与裆平，左腿膝部微屈。同时，右爪内旋、屈肘上提回收至头上方扣腕，爪心向下；左爪向身前平直推抓，爪心向前。目视左爪。（图 3–176）

图 3–176

五、金鸡啄米

右脚向前落步，左脚随即向右脚跟进半步，脚前掌着地，两腿屈膝成蹲步。同时，右爪直臂向身前下方扑抓，高与肩平，爪心向下；左爪屈肘下压至胸前，爪心向下。目视右爪。（图 3–177）

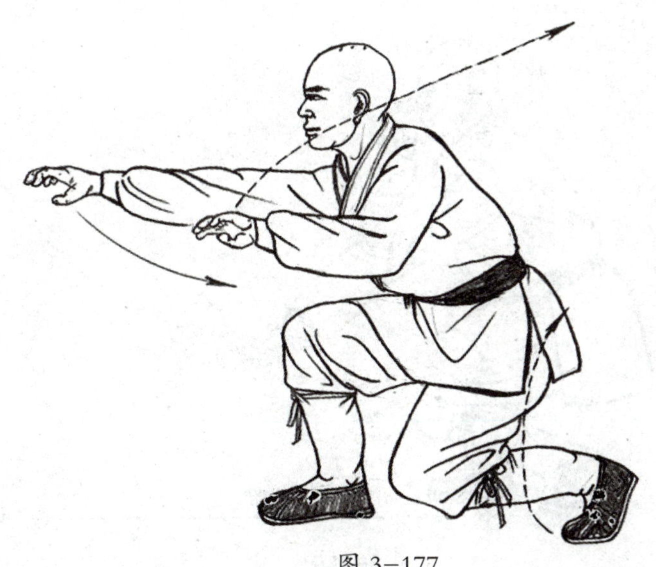

图 3–177

六、金鸡抖翎

1.右脚前掌碾地，上体左转，左腿屈膝在身前提起，身体重心落于右腿。同时，左爪随上体左转之势屈肘向上、向左外格至左肩前，臂与肩平，爪心向前；右爪直臂下落至身后，爪心向下。目视左爪。（图3-178）

图 3-178

2.右脚蹬地跳起，左脚落地，右脚向左脚内侧落步，脚前掌着地，两腿屈膝成丁步。同时，右爪外旋、直臂向上、向前、向左下扑抓至左膝前，爪心向前；左爪屈肘回收至右肘弯前，爪心向右。目视前方。（图3-179）

图 3-179

七、迎面蹬枝

1. 右脚向前上步跺脚，左脚随即向右脚跟进小半步，两腿膝部略屈。同时，右爪直臂向前上方挑抓高过头，爪心向上；左爪屈肘向后按压至左胯旁，爪心向下。目视右爪。（图3-180）

2.右脚向前上步跺脚，左脚随之向右脚跟进小半步，两腿膝部略屈。同时，右爪肘部略屈向下劈抓至右膝上方，爪心向左；左爪屈肘向前上挑至右肘弯上方，爪心向右。目视前方。（图3-181）

图 3-180

图 3-181

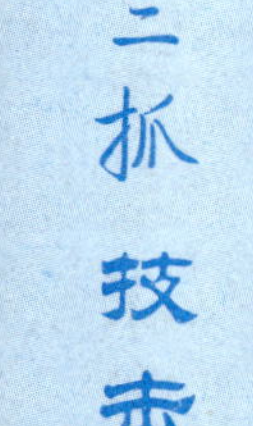

第十三节 牛抵四门

一、左爪拍云

右脚向左脚内侧收拢，并步屈膝蹲立，上体左拧。同时，右爪按于右胯外侧，爪心向下；左爪经面前弧形向左摆至左肩侧，高与肩平，爪心向左。目视左爪。（图3-182）

二、牯牛摆头（右）

1.上体左转，左脚向前上步，两腿屈膝成马步。同时，右爪屈肘向上架至头上方，爪心向前；左爪内旋，屈肘经右腰侧向身前掏抓，高与右膝平，爪心向外。目视右爪。（图3-183）

图 3-182

图 3-183

2.右脚从身前向左上步，上体左转，成右弓步。同时，左爪屈肘向上、向左托架至头后上方，爪心向上；右爪屈肘向下经右腰侧向右推抓至身右侧，高与肩平，肘略屈，爪心向右。上身前压。目视右爪。（图3–184）

二、牛斗势（右）

重心移至左腿，右腿随即向左腿回拖半步，脚前掌着地，两腿屈膝成右虚步，上体右转。同时，左、右爪一起外旋从身两侧向下、向里落至腹前，右爪在前，左爪在后，两爪心均向上。目视右爪。（图3–185）

图 3–184

图 3–185

三、拨云推月（右）

右脚向前上半步，左脚随即向右脚跟进半步，脚前掌着地，两腿屈膝成半蹲步。同时，左、右爪一起内旋、屈肘上提经胸前翻腕向身前平直推抓，两爪心均向前。目视前方。（图3−186）

四、牯牛摆头（左）

1.右脚向身后退步，上体右转，两腿屈膝成半马步。同时，右爪随上体右转之势略屈向右下搂至右膝外侧，爪心向上；左爪直臂向右平摆至身左侧，略高于肩，爪心向后。目视右爪。（图3−187）

2.左脚从身前向右上步，上体右转，成左弓步。同时，右爪屈肘向上、向右托架至头后上方，爪心向上；左爪屈肘向下经左腰侧向左推抓至身左侧，高与肩平，肘略屈，爪心向前。上身前压。目视左爪。（图3−188）

五、牛斗势（左）

重心移至右腿，左脚随即向右脚回拖半步，脚前掌着地，两腿屈膝成左虚步，上体左转。同时，左、右爪一起外旋从身两侧向下、向里落至腹前，左爪在前，右爪在后，两爪心均向上。目视左爪。（图3−189）

图 3−186

图 3−187

图 3-188

图 3-189

六、拨云推月（左）

左脚向前上半步，右脚随即向左脚跟进半步，脚前掌着地，两腿屈膝成半蹲步。同时，左、右爪一起内旋、屈肘上提经胸前翻腕向身前平直推抓，两爪心均向前。目视前方。（图3-190）

图 3-190

七、牯牛摆头（右）

1.左脚在身前经右脚向右上步，两腿成交叉步。同时，右爪屈肘向下按压至腹前，爪心向下；左爪屈肘向下经身前向右、向上架至身右侧上方，爪心向上。目视右侧方。（图3–191）

2.右脚向右上步，成右弓步。同时，右爪肘略屈向右侧推抓，高与肩平，爪心向右。左爪不动，上身前压。目视右爪。（图3–192）

图 3–191

图 3–192

八、犀牛望月

1.两脚跟碾地，上体左转，左腿向右腿回收半步，两腿屈膝成左虚步。同时，左、右爪一起外旋随上体左转之势直臂向上、向前、向下经身两侧向后带至身后，高与胯平，两爪心均向上。目视前方。（图3-193）

图 3-193

2.身体重心落于右腿，膝部略屈；左脚向前弹踢而出，高与腹平，脚背绷紧。目视前方。（图3-194）

图 3-194

九、牯牛抵角

左脚向前落地，右脚随即向左脚跟进半步，脚前掌着地，两腿屈膝成半蹲步。同时，左、右爪一起外旋、屈肘经身两侧向前反推抓，高与胯平，两爪心均向前，上身前压。目视前下。（图3-195）

图 3-195

十、震步推打

右脚向前上步跺脚，成右弓步。同时，左、右爪一起屈肘回收经腹前内旋上提翻腕向身前平直推抓，两爪心均向前。目视前方。（图3-196）

图 3-196

十一、牛抵架

左脚向后退半步，右脚回带半步，上体左转，两腿屈膝成半马步。同时，左爪屈肘向下按压至右肋外侧，爪心向下；右爪臂略屈上提至右上方扣腕，略高于头，爪心向右。目视右爪。（图3-197）

图 3-197

【收势】

左脚向右脚内侧收步，并步正身直立，两爪变掌，自然垂于体侧，呼吸自然。目视前方。（图3-198）

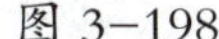

图 3-198

第四章　少林十三抓对拆

十三抓对拆，是在“单趟”的基础上，以“单趟”的主体动作技击法为内容，由两人按固定的动作编排而成套路进行练习，以便加深练习者对十三抓的技击招势变化的灵活运用。

一、左右拍云

预备势：甲、乙双方侧面平行相对，横向距离约两步；面向相反方向站立。（图 4–1）

注：系腰带者为甲，穿黑色鞋者为乙。

1. 甲、乙左臂内旋、略屈肘从身前向右、向上、向左弧形摇膀至左肩外侧处立腕成爪，爪心向左；右掌变爪，提至腹前，爪心向下，同时，两腿屈膝略蹲，上身左拧。（图 4–2）

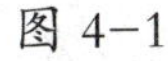

图 4–1

图 4–2

2. 甲、乙右臂内旋、略屈肘从身前向左、向上、向右弧形摇膀至右肩外侧处立腕成爪，爪心向右，同时，左爪向下、向右屈肘落至腹前，爪心向下，上身右拧。目视右爪。（图 4-3）

图 4-3

二、夜叉探海

1. 甲、乙左脚尖点地，两腿屈膝成左丁步。同时，右爪直臂、外旋向下经身前向左撩抓，爪心向上；左爪屈肘上提至右肩前，爪心向右，上身左拧。（图 4-4）

图 4-4

2. 甲、乙左爪直臂向左侧平直推抓，爪心向左；右爪屈肘回收至右腰侧，爪心向上；上身右拧。（图 4–5）

图 4–5

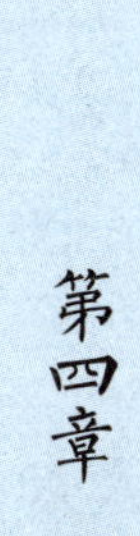

三、乙：弓步推抓；甲：踩腿扑抓

1. 乙左脚向左横跨一步，上体左转 90 度成左弓步。同时，左爪肘部略屈，向左外搂甲的左爪腕部，右爪直臂向前推抓甲的面部。（图 4–6）

图 4–6

2. 甲左脚向左上一小步，上体左转 90 度，右腿向前踩踢乙的左小腿胫骨处。同时，左爪屈肘向上、向左缠压乙的右爪腕部；右爪直臂向后、向上、向前抄抓乙的头顶部。（图 4–7）

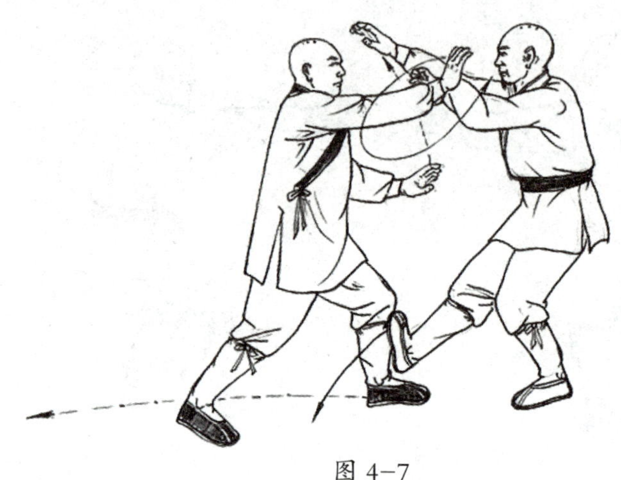

图 4–7

四、乙：退步推抓；甲：上步撩抓

1. 乙左脚向后退一步成右弓步，以避开甲右腿踩踢。同时，左爪屈肘向上、向左格开甲右扑抓，右爪向甲的面部推抓。（图 4–8）

图 4–8

2. 甲右脚向前上半步，左脚跟进半步，两腿屈膝成半蹲步。同时，左爪屈肘上架乙的右推抓；右爪直臂向后、向下经体右侧向前撩抓乙的裆部。（图4-9）

图 4-9

五、乙：退步按压；甲：上步盖抓

1. 乙右脚后退一步成左弓步，同时，左爪屈肘向下按压甲的右撩抓。（图 4-10）

图 4-10

2. 甲右脚向前上一大步，左脚跟进小半步，成右弓步。同时，左爪向左下方缠压乙的右爪腕部；右爪直臂向后、向上、向前、向下盖抓乙的头顶部。（图 4–11）

图 4–11

六、乙：马步推抓；甲：弓步下推

1. 乙左脚向前上一小步，脚尖内扣住甲右脚跟内侧，上身右转略后仰，以避闪甲右爪盖抓。同时，两爪一起向左、向上、向前下按压甲的右爪前臂；两腿屈蹲成马步。（图4–12）

图 4–12

2. 乙左爪沿甲的右臂向上推抓甲的面部。甲右脚提起回收半步，上身后仰，重心移至左腿，同时，左爪屈肘上架乙的左推抓，右爪屈肘回收至右耳旁。（图 4−13）

3. 甲右脚向前上半步成右弓步，同时，右爪直臂向前推抓乙的上腹部。乙左脚后退一步，左爪屈肘向下按压甲的右推抓，同时，右爪向前推抓甲的面部。（图 4−14）

图 4−13

图 4−14

七、甲：弓步上推；乙：退步架推

1.甲右脚回收小半步，上身后缩，同时，左爪屈肘向下按压乙的右推抓，右爪屈肘回收至右耳旁。（图4-15）

2. 甲右脚向前上一大步，左脚跟进小半步，成右弓步，同时，右爪直臂向前推抓乙的面部。乙右腿后退一步成左弓步，同时，左爪屈肘向上、向左拨开甲的右推抓，右爪向前推抓甲的面部。（图 4-16）

图 4-15

图 4-16

八、甲：弓步推抓；乙：下蹲撩抓

1. 甲右脚回收小半步，同时，左爪屈肘上架乙的右推抓，右爪屈肘回收至右耳旁。（图 4–17）

2. 甲右脚向前上小半步，成右弓步，同时，右爪直臂向前推抓乙的胸部。乙左脚后退半步，右脚随即向前上步，两腿屈膝成蹲步，同时，左爪屈肘上架甲的右推抓，右爪直臂向后、向下经体右侧向前撩抓甲的裆部。（图 4–18）

图 4–17

图 4–18

九、乙：弹踢推抓；甲：提膝下拍

1. 甲上体左转，右腿向左盖步，同时，右爪向下、向右用前臂外侧拨开乙的右撩抓，左爪屈肘、外旋向上摆至左肩前。（图 4-19）

2. 乙重心移至左腿，抬右脚向前弹踢甲的腰部，同时，右爪屈肘回收至右腰侧，左爪向甲的后脑部推抓。甲上体左转，右腿直立，左腿屈膝在身前提起，同时，左爪下拍击乙的右脚背。（图 4-20）

图 4-19

图 4-20

十、乙：跃起推抓；甲：退步闪扑

1. 乙右脚落步蹬地跳起，左腿屈膝在身前提起，上体左转，同时，右爪向右推抓甲的面部。甲上体左转，左脚向左落步，成左弓步，同时，左、右爪一起向左平摆至左膝外侧，上身左侧以闪避乙的右推抓。（图 4–21）

2. 乙右脚落步，左脚向左落步，两腿屈膝成马步。甲趁势右脚回收半步，上体右转，左脚向前上一步，同时，左、右爪一起向上、向前、向下扑按乙的右臂。（图 4–22）

图 4–21

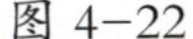

图 4–22

十一、乙：左右搂抓；甲：左右外格

1. 乙上体右转，左脚向前上步成左弓步，同时，左爪直臂向左、向前搂抓甲的右耳部，右爪屈肘回收至腹前。甲上体左转，左脚后退一步成右弓步，同时，右爪屈肘向上、向右外格乙的左搂抓，左爪屈肘回收至腹前。（图 4–23）

2. 乙左脚后退半步，右脚向前上步成右弓步，同时，右爪向右、向前直臂搂抓甲的右耳门部，左爪屈肘回收至腹前。甲左爪屈肘向上、向左外格乙的右搂抓，右爪屈肘回收至腹前。（图 4–24）

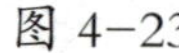

图 4–23

图 4–24

十二、乙：三推抓；甲：退步下按

1. 乙左脚向前上步，同时，左爪向前推抓甲的胸部，右爪屈肘回收至胸前。甲右脚后退一步，同时，右爪屈肘由外向里下按乙的左推抓，左爪屈肘回收至腹前。（图 4–25）

2. 乙右脚向前上步，同时，右爪向前推抓甲的胸部，左爪屈肘回收至胸前。甲左脚后退一步，同时，左爪屈肘由外向里下按乙的右推抓，右爪下落至腹前。（图 4–26）

图 4–25

图 4–26

3. 乙左腿向前上步，同时，左爪向前推抓甲的胸部，右爪屈肘回收至胸前。甲右腿后退一步，同时，右爪屈肘由外向里下按乙的右推抓，左爪下落至腹前。（图 4–27）

图 4–27

十三、乙：弓步推抓；甲：下蹲推抓

1. 乙左脚向前上半步，右脚跟进半步成左弓步，同时，右爪向前推抓甲的面部，左爪屈肘回收至腹前。（图 4–28）

图 4–28

2. 甲右腿向前上半步，两腿屈膝成下蹲步，同时，左爪屈肘上架乙的右推抓，右爪向前推抓乙的上腹部。（图 4–29）

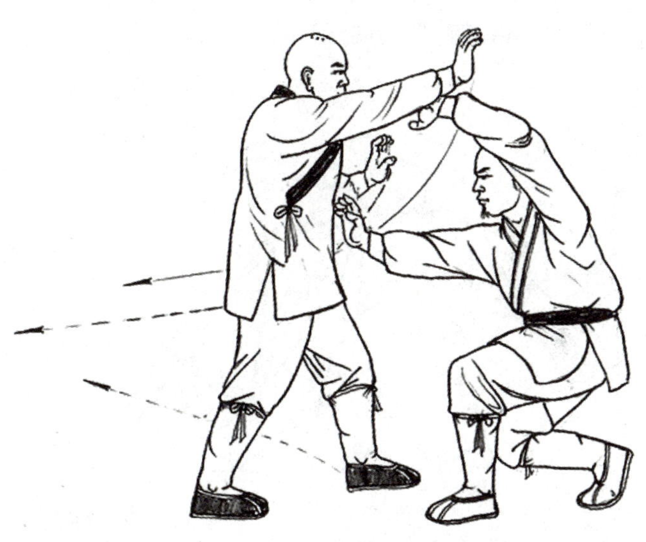

图 4–29

十四、甲：弓步左右探身抓；乙：退步左右下拨

1. 乙左腿向左后方退一步，上体左转成左弓步，同时，左爪屈肘下按甲的右推抓，与右爪一起向左回带至身左侧。（图 4–30）

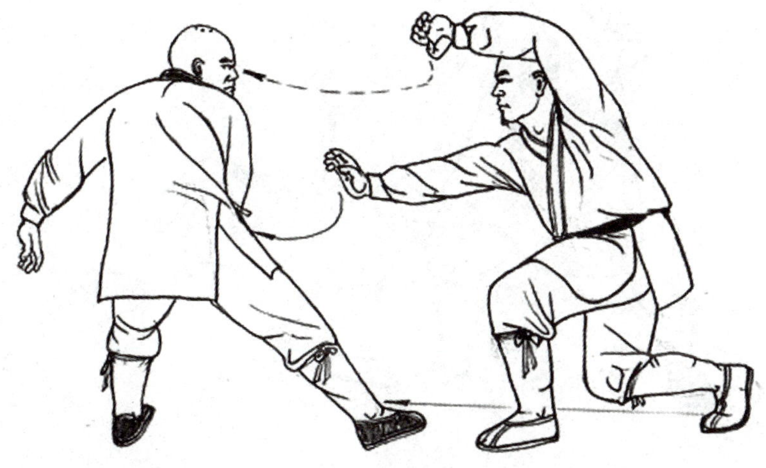

图 4–30

2. 甲右脚向前上半步，成右弓步，上体左转右侧倾，同时，左爪屈肘向上抓击乙的面部，右爪屈肘向前掏抓乙的裆部。（图 4–31）

3.乙右脚从身后向左倒步，上体右转，两腿屈膝成马步，同时，左爪屈肘向前、向下按压甲的右掏抓，右爪屈肘向前、向右外拨甲的左爪。（图4–32）

图 4–31

图 4–32

4. 甲左脚向右上步，上体右转左侧倾成左弓步，同时，左爪屈肘向下、向前掏抓乙的裆部，右爪内旋、屈肘向上抓击乙的面部。（图 4–33）

5. 乙左脚后退一步，上体左转成左弓步，同时，左爪屈肘向上、向左外格甲的右爪，右爪直臂、外旋向下、向左外拨甲的左掏抓。（图 4–34）

图 4–33

图 4–34

十五、乙：抬腿弹踢；甲：虚步下砸

乙左、右爪一起向左回带至身左侧，同时，右脚向前弹踢甲的裆部。甲重心后移，左脚回收半步成左虚步，同时，左、右爪一起外旋、屈肘用爪背向下砸击乙的右脚背。（图 4–35）

图 4–35

十六、乙：弓步双扑；甲：弓步双架

乙右脚在身右侧落步，上体右转成右弓步，同时，左、右爪一起直臂向上、向前、向下扑抓甲的头部。甲左脚后退半步，右脚再向后退一大步成左弓步，同时，左、右爪内旋、屈肘交叉上架乙的双扑抓。（图4–36）

图 4–36

十七、甲：下蹲掏抓；乙：丁步后撩

1. 甲左脚后退半步，右脚向前上步，两腿屈膝成下蹲步，同时，左、右爪从身两侧向下再向前掏抓乙的裆部。（图 4–37）

2. 乙右脚后退一步，上体右转，左脚向右脚内侧回收，两腿屈膝成左丁步，同时，左爪直臂向下、向左后方撩拨甲的双掏抓，右爪外旋、屈肘回带至右肩外侧。（图 4–38）

图 4–37

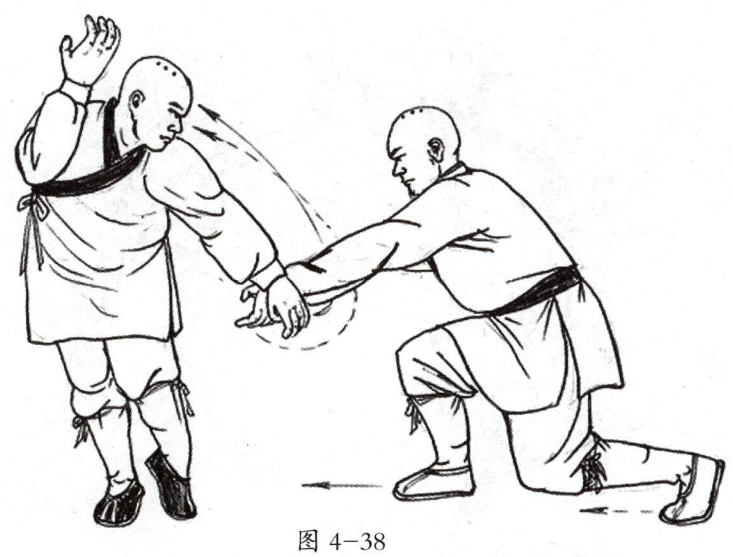

图 4–38

十八、甲：弓步双推；乙：闪身外格

1. 甲右脚向前半步跺脚，左脚跟进小半步，成右弓步，同时，左、右爪一起内旋、屈肘上提翻腕向前推抓乙的头部。（图 4−39）

2. 乙右脚向右跨步，左脚向前上一步脚尖着地，两腿成左点步，同时，左爪屈肘、外旋向上、向左后外格甲的双腿抓，右爪内旋、直臂下落至右胯旁，上身左拧略后仰。（图 4−40）

图 4−39

图 4−40

十九、乙：插步后撩；甲：马步下拨

1. 乙左脚踏实，右脚从身后向左侧插步，成交叉步，同时，左爪内旋、直臂向下、向左侧反撩抓甲的裆部，上身前俯。（图 4-41）

2. 甲左脚后退半步，右脚也后退半步，上体左转，两腿屈膝成马步，同时，左爪直臂向下、向前拨开乙的左撩抓，左爪外旋、屈肘回带至左肩外侧。（图 4-42）

图 4-41

图 4-42

二十、乙：翻身抡劈；甲：左右上架

1. 乙左、右脚尖一起碾地，上体向右翻转，成右弓步，同时，右爪直臂向前劈抓甲的头部，左爪直臂向前摆至身后侧。甲两腿略屈站立，上体右转，同时，右爪屈肘上架乙的右劈抓，左爪屈肘内旋向下按至左胯旁。（图 4−43）

2. 乙左脚向前上步，成左弓步，同时，左爪外旋、直臂向上、向前、向下劈抓甲的头部，右爪直臂下落至右胯旁。甲右脚后退一步成左弓步，同时，左爪屈肘上架乙的左劈抓，右爪屈肘回收至右胯旁。（图 4−44）

图 4−43

图 4−44

二十一、甲：蹬踹撩抓；乙：下蹲后撩

1. 甲右爪外旋，直臂向前、向上撩抓乙的下腭处，左爪屈肘回收至腹前，同时，右腿向前踩踢乙的左小腿前胫骨。（图 4–45）

2. 乙左脚后退一步成右弓步，以躲避甲的右腿踩踢，同时，右爪屈肘上架甲的右撩抓，左爪屈肘回收至腹前。（图 4–46）

图 4–45

图 4–46

3.甲右脚在身前屈膝、屈踝里缠，上体左转侧倾，右脚向右侧踹击乙的腹部，同时，右爪屈肘、内旋回收至身前向右侧推抓乙的面部，左爪屈肘、外旋向左摆至左肩外侧。（图4-47）

4. 乙左脚向后退半步，上体左转，右脚向左脚回收半步，两腿屈膝成下蹲步，同时，右爪直臂向下、向右后撩抓甲的右脚后跟，左爪外旋、屈肘向左摆至左肩前。（图 4-48）

图 4-47

图 4-48

二十二、甲：弓步前扑；乙：马步上架

甲右脚在右侧落地，上体右转，成右弓步，同时，左爪直臂向前、向下扑抓乙的头部，右爪屈肘回收至左肩腋下，上身前压。乙左脚从身后向右插步，上体左转，两腿屈膝成马步，同时，左爪内旋、屈肘上架甲的左扑抓，右爪向左摆至右胯旁。（图 4-49）

图 4-49

二十三、乙：踩踢撩抓；甲：退步上架

1. 乙上体左转，右爪外旋、直臂向前、向上撩抓甲的下腭处，同时，右腿向前踩踢甲的右小腿胫骨。（图 4-50）

图 4-50

2. 甲右脚后退一步，成左弓步，以躲避乙右脚踩击，同时，左爪屈肘上架乙的右撩抓。（图 4−51）

图 4−51

二十四、乙：进步撩抓；甲：马步下拨

1. 乙右脚在身前落步，左脚向前上步，两腿屈膝成下蹲步，同时，左爪屈肘上托甲的左爪，右爪屈肘、内旋向后、向下、向前撩抓甲的裆部。（图 4−52）

图 4−52

2. 甲左脚后退一步，上体左转，两腿屈膝成马步，同时，右爪内旋、直臂向前拨开乙的右撩抓，左爪屈肘、外旋向左回带至左肩外侧。（图 4–53）

图 4–53

二十五、甲：弓步推抓；乙：弓步按压

1. 甲上体右转，右脚向前上半步成右弓步，同时，左爪直臂向前推抓乙的面部，右爪屈肘回收至腹前。（图 4–54）

图 4–54

2. 乙右脚后退半步成左弓步，同时，左爪屈肘向下按压甲的左推抓，右爪屈肘回收至腹前。（图 4–55）

图 4–55

二十六、乙：弹踢双扑；甲：退步闪身

1. 乙右脚向前弹踢甲裆部，同时，左、右爪一起向右摆至身右侧。甲右脚后退一步成右弓步，同时，右爪向下拍击乙的右脚背，左爪屈肘回收至头前方。（图 4–56）

图 4–56

2. 乙右脚在身前落步，上身前倾成右弓步，同时，左、右爪一起直臂向上、向前、向下扑抓甲的头部。甲右脚后退半步，左脚回收半步，上身后仰，以闪避乙的双扑抓。（图 4–57）

图 4–57

二十七、甲：进步盖抓；乙：弓步下推

1. 甲左脚向前上半步，上身前压，成左弓步，同时，左爪直臂向前、向下盖抓乙的头部。乙右脚回收半步，上身后仰，重心移至左腿，同时，左爪屈肘上架甲的左盖抓，右爪屈肘回收至右耳旁。（图 4–58）

图 4–58

2.乙右脚向前上半步成右弓步，同时，右爪直臂向前推抓甲的上腹部。甲左脚后退一步成右弓步，同时，左爪屈肘向下按压乙的右推抓，右爪向前推抓乙的胸部。（图4-59）

图 4-59

二十八、乙：弓步上推；甲：退步架推

1. 乙右脚回收小半步，上身后缩，同时，左爪屈肘向下按压甲的右耳旁，右爪屈肘回收至右耳旁。（图 4-60）

图 4-60

2. 乙右脚向前上半步成右弓步，同时，右爪直臂向前推抓甲的面部。乙左爪屈肘上架甲的右推抓，右爪屈肘略回收再向前推抓乙的胸部。（图 4–61）

图 4–61

二十九、乙：弓步推抓；甲：弓步外格

1. 乙右脚回收小半步，上身后仰，重心移至左腿，同时，左爪屈肘上架甲的右推抓，右爪屈肘回收至右耳旁。（图 4–62）

图 4–62

2. 乙右脚向前上半步成右弓步，同时，右爪直臂向前推抓甲的胸部，左爪屈肘下落至左胯旁。甲左爪屈肘向上、向左外格乙的右推抓，右爪屈肘下落至右胯旁。（图 4–63）

图 4–63

三十、甲：左右搂抓；乙：左右摇膀

1. 甲上身左拧，同时，右爪直臂、外旋向右、向前、向左搂抓乙的左耳门部。（图 4–64）

图 4–64

2. 乙上身左拧，左爪屈肘、内旋向上、向左外格甲的右搂抓，右爪回收至右胯旁。（图 4–65）

3. 甲上身右拧，同时，左爪直臂外旋向左、向前、向右搂抓乙的右耳门部，右爪屈肘回收至右腰侧。（图 4–66）

4. 乙上身右拧，同时，右爪屈肘内旋、向上、向右外格甲的左搂抓，左爪向下落至左胯旁。（图 4–67）

图 4–65

图 4–66

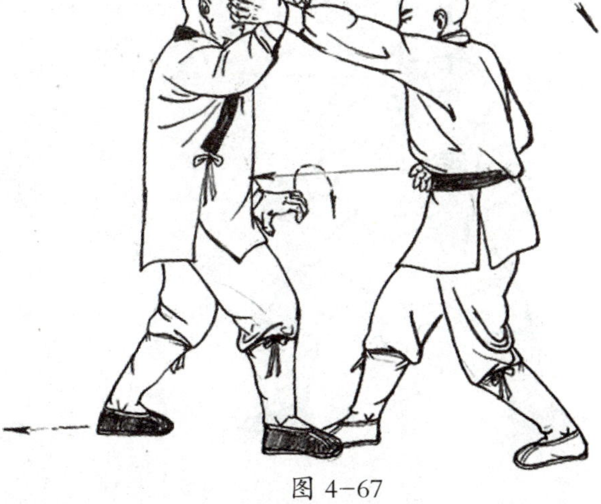

图 4–67

三十一、甲：马步推抓；乙：弓步按压

甲上体左转，两腿屈膝成马步，同时，右爪直臂向右侧推抓乙的腹部，左爪屈肘向左回带至头上方。乙左脚后退半步成右弓步，同时，左爪屈肘下按甲的右推抓。（图4-68）

图 4-68

三十二、夜叉探海

1.甲、乙右脚后退一步，上体右转，两腿屈膝成半马步，同时，右爪直臂向上、向右、向下经身前向左撩抓，爪心向上；左爪屈肘回收至右肩前，爪心向右。（图4-69）

图 4-69

2. 甲、乙左脚向右脚并步，脚尖着地，两腿屈膝成左丁步，同时，左爪直臂向左侧推抓，爪心向左；右爪屈肘回收至右腰侧，爪心向上。（图4-70）

图 4-70

三十三、收势

甲、乙两腿并步正身直立，两爪变掌自然垂于体侧，调匀呼吸。目视前方。（图 4-71）

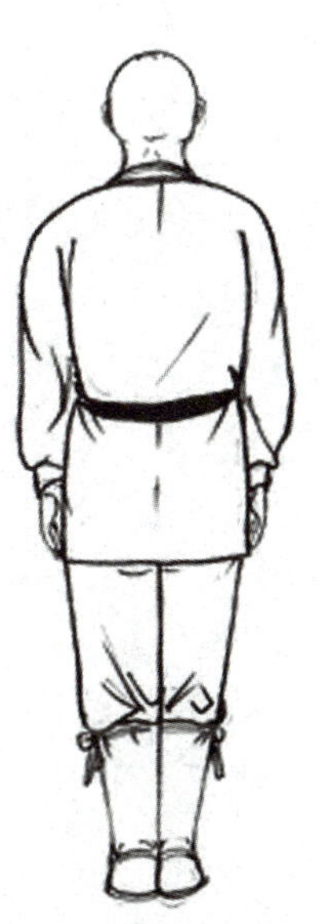

图 4-71

第五章　少林十三抓散手

学习少林十三抓，第一步就是爪功，然后是“单趟”；“单趟”练习纯熟之后，方可以“四门”训练身、步的灵活；接着进行“对拆”活手。上述程序完成，才可运用于散手实战。

一、青龙探爪

1. 敌我对峙。（图 5-1）

2. 我方左脚前移步，右脚踩踢敌方前锋腿（左腿）前胫骨，同时，右爪抓击敌方面部。敌方收左腿后退一步，随即提右脚，左手向左横格，阻截我方右腕内侧。（图 5-2）

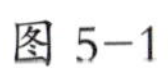

图 5-1

图 5-2

3. 我方右脚向前落地，左爪向前、向右外侧拦开敌方左臂，右爪推抓敌方面部，击跌敌人。（图 5–3）

图 5–3

二、青龙入海

1. 我方左脚前移步，右脚向前跨进一步接近敌方，同时，左爪抓击敌方胸部。敌方上体右转，屈左肘臂，从右向左拦格我方左臂外侧。（图 5–4）

图 5–4

2. 我方动作不停，左臂屈肘前推，右爪撩击敌方裆部，致敌伤残。（图5–5）

图 5–5

三、泰山压顶

1. 我方左脚前冲步，右脚弹踢敌方裆部，同时，左爪推抓敌面部。敌方退闪不及，中招向后坐跌。（图 5–6）

图 5–6

2. 我方迅疾向前踏落右脚，右爪挥臂盖抓敌方头顶或面部，将其打跌于地。（图 5–7）

图 5–7

四、掏心抓

1. 敌方右脚进步，同时，右拳冲击我方面部。我方迅疾撤退，左脚移步，上体后仰，左爪上架，阻截敌方右前臂下侧。（图 5–8）

图 5–8

2. 我方随即右脚前移步，右爪推抓敌方胸部，随即以掌根抖震之力，将敌击跌而出。（图 5–9）

图 5–9

五、劈面抓

1. 敌方右进步，右拳勾击我方胸部。我方迅疾左脚后撤步，左爪由上向下、向前推格敌方右前臂上侧，阻截住敌方的攻击。（图 5–10）

图 5–10

2. 我方右脚前移步，右爪推抓敌方面部，掌根抖劲，震击敌方下腭，将敌打跌而出。（图 5-11）

图 5-11

六、白蛇吐信

1. 我方右脚上步接近敌方，同时，右爪抓击敌方胸部。敌方撤退右脚一步，吞身避过。（图 5-12）

图 5-12

2. 我方左脚跨上一步，同时，左爪前撩敌裆部，或扣指抓击敌命根，致敌伤残跌地。（图 5–13）

图 5–13

七、抬头出洞

1. 我方右脚上进一步，接近敌方之际，左脚弹踢敌方裆部。敌方左脚向后撤步，右腿屈膝提起，避过我方的攻击。（图 5–14）

图 5–14

2. 我方左脚向前落步，右腿屈膝提起，上体左倾，左爪抓击敌方面部，将其打跌而出。（图 5–15）

图 5–15

八、撩阴抓

1. 我方右脚上步，左脚迅速从右腿后侧插步，接近敌方，同时，右爪反臂撩抓敌方小腹。敌方急忙防守，用左手下压住我方右爪。（图 5–16）

图 5–16

2. 我方迅速右转身，右脚上步，左爪掏抓敌方裆部，扣握敌命根，致敌晕厥。（图 5−17）

图 5−17

九、怀中抱月

1. 敌方右进步，同时，左拳击打我方面部。我方右脚后移，屈腿下蹲身，左爪向前、向上托架敌方左肘部，化解敌拳的攻击。（图 5−18）

图 5−18

2. 我方右爪撩击敌方面部，同时，右脚向前搓踢敌方裆部，将敌击跌于地。（图 5–19）

图 5–19

十、凤凰展翅

1. 我方右脚上一步，接近敌方之际，左脚从右腿后侧插步，同时，右爪反背撩抓敌方裆部。敌方退身不及，只得将右腿屈膝提起，避躲过我方右爪。（图 5–20）

图 5–20

2. 我方迅速右转身，右脚向前跨进一步，同时，右爪上翻，抓击敌方胸部，随即抖爪震劲，将敌打跌而出。（图 5-21）

图 5-21

十一、梅花云手

1. 敌方右脚进步，同时，右掌击打我方面部。我方沉身，右爪上架，托住敌方右腕，阻截住敌方攻击。（图 5-22）

图 5-22

2. 我方左脚向右前侧收步，随即，右转身 360 度跨进敌裆部，同时，右爪反抓敌方裆部，扣指抖力，将敌致跌于地。（图 5−23）

图 5−23

十二、猿猴倒挂

1. 敌方右脚上步，左低踹腿攻击我方右小腿前胫骨。我方迅疾退左脚一步，右腿屈膝提起，避过敌方踹腿。（图 5−24）

图 5−24

2. 我方右脚向左脚后侧落步，屈膝蹲身成左丁步，同时，左爪向下反捞，兜住敌方左小腿。（图 5–25）

图 5–25

3. 我方左脚上步，蹲成马步，同时，左爪前推，抓击敌方左侧大胯根部。（图 5–26）

图 5–26

十三、迎面探海

1. 我方右脚前移步，左脚撩踢敌方裆部。敌方迅疾屈提右膝阻截我方左脚外侧，将我方攻势化解掉。（图 5−27）

2. 我方迅疾踏落左脚，上体右转，下沉身成左跪步，上身左转，左爪反撩敌方裆部。敌方右脚落步，迅速退左步，俯身用双手按压我方左爪及前臂，阻截住我方的撩阴手。（图 5−28）

3. 我方迅疾左转身，右爪劈抓敌方头顶，将敌击倒于地。（图 5−29）

图 5−27

图 5−28

图 5-29

十四、饿虎扑食

1. 敌方左脚前移步，右脚踩踢我方左膝。我方重心迅疾落于右腿，左腿屈膝提起，避过敌脚。（图 5-30）

2. 我方刚避过敌脚，顺势向前踏落左脚，左、右爪同时向前劈抓敌胸部，左爪在下、右爪在上，吐气发力，将敌打跌而出。（图 5-31）

图 5-30

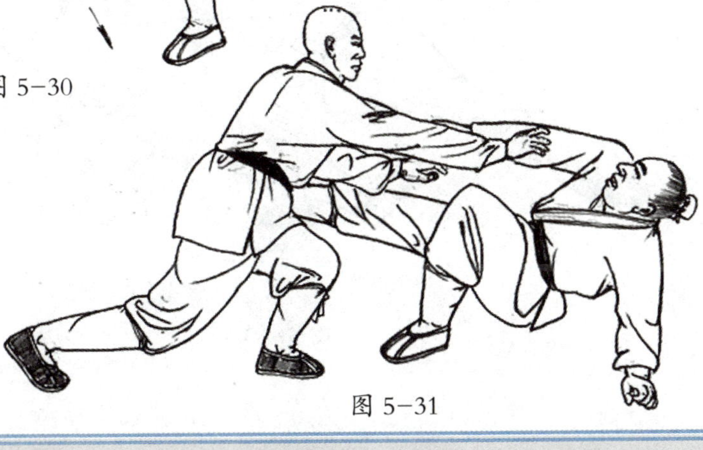

图 5-31

十五、封盖并用

1. 我方左脚前移步，右脚迅疾弹踢敌方小腹。敌方退避不及，凹腹吞身缓解我方透击力。（图 5－32）

2. 我方右脚向前蹬劲，顺势踏落，同时，双爪向敌方胸及面部劈抓，震劲发力，将敌打跌而出。（图 5－33）

图 5－32

图 5－33

十六、豹子搂怀

1. 我方右垫步进身，双腿屈膝成半马步，左爪推抓敌方胸部。敌方左偏身避躲我左爪之际，左手推阻我方左腕。（图 5–34）

2. 我方迅疾踏进右脚一步，同时，右爪推抓敌胸。（图 5–35）

3. 连击不停，左脚随即上进步，左爪横扫抓敌右耳门，将敌打翻于地。（图 5–36）

图 5–34

图 5–35

图 5–36

十七、叶底藏花

1. 我方右脚踏进一步，左脚迅疾抄踢敌方左脚跟，同时，左爪上翻反拍敌面部，将敌击翻跌地。（图 5–37）

2. 我方左脚顺势向前落地，右脚搓踢刚倒地的敌方裆部。（图 5–38）

图 5–37

图 5–38

十八、翻身抡盖

1. 我方右脚经左腿后侧插步，左爪挥臂扫击敌方面部。（图 5–39）

2. 我方迅速右转身 360 度，右爪随转身抡盖敌胸部，抖震发力，将敌击跌于地。（图 5–40）

图 5–39

图 5–40

十九、野马奔蹄

1. 我方左脚前移步，左爪推抓敌方面部。敌方右脚退步，左臂屈肘阻截住我方左爪。（图 5–41）

2.我方迅疾右爪撩抓敌方面部，同时，右脚搓踢敌左膝部。敌方收左步，吞身避过我方的攻击。（图5–42）

3. 我方迅疾将右脚转踝侧踢敌方面部，将敌踢跌而出。（图 5–43）

图 5–41

图 5–42

图 5-43

二十、惊马回首

1. 我方右脚上进一步，接近敌方，上体左转，同时，右爪反撩敌方裆部。敌方左脚退步，收提右腿避过我方的右爪。（图 5-44）

图 5-44

2. 我方迅速用左脚撩踢敌方头部，将其踢跌而出。（图 5-45）

图 5-45

二十一、追风赶月

1. 我方前滑步进身，右爪劈抓敌方面部。敌方左脚退步，上体右转，左前臂横格我方右前臂外侧，阻截住我方右爪的攻击。（图 5-46）

图 5-46

2. 我方右爪贴住敌方左前臂内侧向下按压，同时，左爪推抓而出，扑击敌方面部。（图 5-47）

3. 动作不停，我方右脚上进一步，同时，右爪推抓敌方胸部，抖劲发力，将敌击跌而出。（图 5-48）

图 5-47

图 5-48

二十二、怀中献拐

1. 敌方右进步，右拳击打我方腹部。我方左脚收步吞身，右爪用爪棱阻截敌右前臂内侧。（图 5−49）

2. 我方不待敌换势，左脚前移步，右爪抓住敌右前臂猛向下一拽，同时，左肘劈击向敌方面部。（图 5−50）

3. 我方左脚向左脚后收步，屈膝成右跪步，同时，左爪反抓敌面部，右爪掏抓敌裆部，扣指抖劲，击残敌方。（图 5−51）

图 5−49

图 5−50

图 5-51

二十三、白鹤吞食

1. 我方左脚前移步，右腿屈膝顶向敌方，同时，右爪推抓敌方面部。敌方左脚退步，仰身避过我方攻击。（图 5-52）

2. 我方右脚向前落步，左腿提起，上体左倾，左爪抓击敌方面部。（图 5-53）

图 5-52

图 5-53

二十四、鹞鹰闪身

1. 敌方右脚跨步进身，右拳击打我方面部。我方迅疾左撤步闪身，避过敌方锋芒之际，右爪上扬横格敌右腕外侧，化解掉敌拳的攻击。（图5–54）

2. 我方左爪上撩敌面部，同时，左脚抄踢敌右脚跟，使敌方向后仰跌。（图5–55）

图 5–54

图 5–55

3. 我方左脚跨前一步，左爪抓击敌腹部，乘敌跌倒之势，抖劲重创敌方。（图 5–56）

图 5–56

二十五、绞翅斜飞

1. 敌方右进步，左鞭腿踢击我方头部。我方收退左脚，沉身避敌锋芒之际，右爪上提护住头部。（图 5–57）

图 5–57

2. 我方迅疾下沉身，左脚经右腿后侧插步，屈膝蹲成歇步，同时，右爪反撩敌方裆部，扣指发力，致残敌方。（图 5–58）

图 5–58

二十六、鹞鹰转身

1. 敌方左脚跨进一步，左拳横击我方头部。我方迅疾收左步，沉身，右爪变拳上提横格敌方左腕部，阻截住敌方的攻击拳。（图 5–59）

图 5–59

2. 我方左爪迅疾上挑，横格敌方左前臂外侧，同时，右脚上步于左脚内侧并步蹲立，右爪推抓敌胸部，将敌推跌而出。（图 5–60）

图 5–60

二十七、牯牛摆头

1. 敌方左垫步进身，右脚低踹我方左膝部。我方迅疾左腿屈膝提起，避过敌方低踹腿。（图 5-61）

2. 我方左脚落步，右脚向前上步，同时，左爪推抓向敌方面部，右爪抓击敌方裆部，合力将其击倒。（图 5-62）

图 5-61

图 5-62

二十八、震步推打

1. 敌方右脚前移步，左脚弹踢我方裆部。我方后滑步，沉身后坐，左爪下踏抓敌方左脚背，阻截住敌腿的踢击。（图 5−63）

图 5−63

2. 动作不停，我方左爪抓住敌左脚背向左一推，使敌转身，左脚随即顺势迅疾前上步，双爪推抓敌方腰或背部，抖劲发力，将敌重创打出。（图 5−64）

图 5−64

二十九、绞膀撩阴

1. 敌方右进步，右拳撞击向我方下腭。我方后滑步，右爪滚臂裹击敌方右前臂内侧，阻截住敌拳。（图 5–65）

图 5–65

2. 我方前滑步，蹲身成右跪步，左爪向上反撩，拦格敌右臂内侧，右爪抓击敌方裆部，重创敌方。（图 5–66）

图 5–66

三十、阴阳反肘

1. 我方前滑步进身，陡然沉身成右跪步，右肘挑击向敌方腹部。敌方长身而起，用左肘抵住我方右肘的攻击。（图 5−67）

2. 我方迅疾前移左步，探身伸臂，右爪抓击敌方面部，将其重创而跌。（图 5−68）

图 5−67

图 5−68

三十一、野兔穿洞

1. 我方左脚上步，右腿踹击敌方面部。敌方后滑步、吞腹，避过我方右腿。（图 5–69）

2. 我方右脚落步踩踏向敌方的左脚背，沉身成右跪步，右爪反撩敌方裆部。敌方右脚后撤一步，收提左腿，避过我方的踩脚与撩裆。（图 5–70）

图 5–69

图 5–70

3. 我方迅疾右转身，左脚上前一步，右爪反划，盖抓敌方面部，重创之。（图 5–71）

图 5–71

三十二、燕子抄水

1. 敌方左脚前移步，右蹬腿踢击我方腹部。我方上身右转，左腿收膝提起，上体右倾，避过敌方的腿击。（图 5–72）

2. 乘敌方右脚落步之际，我方迅疾将左脚下铲向敌刚落下的右小腿前胫骨，顺势左爪下抄，反撩敌裆部。敌方猛退左脚一步，左倾身避过我方的攻击。（图 5–73）

3. 我方左腿猛地擦地后扫敌右踝关节，右脚上进一步，同时，右爪抓击敌方咽喉，扣指抖劲，抓伤敌方喉骨。（图 5–74）

图 5–72

图 5–73

图 5–74

三十三、斜劈斜上

1. 敌方左脚前移步，右脚弹踢我方裆部。我方左脚略收步，右转身避过敌腿，同时，右爪向下斜向劈抓敌方右脚背。（图 5–75）

图 5–75

2.敌方右脚被劈，痛极收落之际，我方顺势将左爪反挥，用爪背挥击敌方下腭，将其击跌而出。（图5–76）

图 5–76

三十四、锦鸡扑食

1.敌方左脚前移步，右脚侧踹我方左小腿前胫骨。我方迅疾收提左腿，避过敌腿。（图5–77）

图 5–77

2.我方不等敌变势，迅疾踏落左脚，右脚上步，右爪扑抓敌方面部，将其打伤跌出。（图 5–78）

图 5–78

三十五、金鸡抖翎

1. 我方右脚上进步，左爪撩抓敌方咽喉。敌方右臂上拦，右腿上收。（图 5–79）

2. 我方迅速将右爪盖抓敌咽喉，敌仰身欲避。我方几乎是同时踢出左脚，以脚尖为力点弹踢敌小腹，将其重创而跌。（图 5–80）

图 5–79

图 5–80

三十六、上挑抓

1. 敌方左脚前移步，右鞭腿踢击我方左膝外侧。我方迅疾收退左脚一步，右膝下沉成右跪步，右掌向左下侧斜劈，迎击敌方右脚踝关节部位。（图 5-81）

2. 敌腿受伤，我方迅疾左脚上进步，右爪向前横抓敌方左耳门部，猛扫发力，把敌重创。（图 5-82）

图 5-81

图 5-82